VIRUS ASSASSINO
Exposto!

Novas cepas covid e o grande reset, agenda 2030, chips 5G e passaportes de vacinas?

—

Estado profundo & a elite - controle populacional - um futuro globalista?

Rebel Press Media

Isenção de responsabilidade

Copyright 2021 by REBEL PRESS MEDIA - Todos os direitos reservados

Este documento visa fornecer informações exatas e confiáveis em relação ao tema e à questão abordada. A publicação é vendida com a idéia de que a editora não é obrigada a prestar serviços de contabilidade, oficialmente permitidos ou de outra forma qualificados. Se for necessário aconselhamento, legal ou profissional, um indivíduo praticante da profissão deve ser ordenado - a partir de uma Declaração de Princípios que foi aceita e aprovada igualmente por um Comitê da Ordem dos Advogados Americana e um Comitê de Editores e Associações.

De forma alguma é legal reproduzir, duplicar ou transmitir qualquer parte deste documento em meios eletrônicos ou em formato impresso. A gravação desta publicação é estritamente proibida e qualquer armazenamento deste documento não é permitido, a menos que com permissão por escrito da editora. Todos os direitos reservados.

A apresentação das informações é sem contrato ou qualquer tipo de garantia. As marcas que são utilizadas são sem qualquer consentimento, e a publicação da marca é sem permissão ou respaldo do proprietário da marca. Todas as marcas registradas e marcas dentro deste livro são apenas para fins de esclarecimento e são de propriedade dos próprios proprietários, não afiliados a este documento. Não encorajamos qualquer abuso de substâncias e não podemos ser considerados responsáveis por qualquer participação em atividades ilegais.

Nossos outros livros

Confira nossos outros livros para outras notícias não relatadas, fatos expostos e verdades desmascaradas, e muito mais.

Junte-se ao exclusivo Rebel Press Media Circle!

Você receberá novas atualizações sobre a realidade não relatada, entregues em sua caixa de entrada todas as sextas-feiras.

Inscreva-se aqui hoje:

https://campsite.bio/rebelpressmedia

Introdução: Nenhuma evidência?

Centro Nacional de Imunização e Doenças Respiratórias: Vírus SARS-CoV-2 nunca isolado de um paciente sequer - o diretor do CDC reconhece na TV que as "vacinas" NÃO previnem infecções

Portanto, na verdade, foi tudo apenas a gripe ou algum outro vírus respiratório existente. Isso agora pode ser dito com certeza depois que o CDC finalmente respondeu a várias solicitações da WOB, reconhecendo que nenhuma prova pode ser dada de um vírus isolado - e assim objetivamente comprovado - que causaria a Covid-19. Portanto, o que os céticos vêm chamando há mais de um ano, e o que tem sido descartado pelos políticos e pela mídia como "notícia falsa" e "desinformação" desde então, é agora a verdade confirmada: a crise da coroa é, medicamente falando, um grande embuste. As pessoas que acabaram no hospital muito provavelmente todas tinham e têm gripe e/ou pneumonia. Portanto, foi uma decisão puramente política, sob o pretexto de um "novo" vírus respiratório, destruir progressivamente a economia e a liberdade da sociedade para permitir o "Grande Reposicionamento" comunista e a "Agenda 2030".

No ano passado já indicamos vários pedidos da FOIA (= WOB) pela jornalista de investigação canadense Christine Massey e sua equipe. Ela pediu às autoridades de todo o mundo provas científicas de que o vírus SRA-CoV-2 estava isolado de um único paciente, e que comprovadamente causaria a (suposta) doença "Covid-19". (Veja também nossos artigos de 11-03: 225.000 euros de recompensa oferecida por fornecer prova da existência do SRA-CoV-2; 11-04: 'Laboratórios nos EUA não conseguem encontrar o Covid-19 em nenhum dos 1500 testes positivos'' (/ Testes em 7 universidades de TODAS as pessoas examinadas mostraram que não têm Covid, mas Influenza A ou B) e 20-12-2020: Apesar de 40 pedidos de WOB no mundo inteiro, nenhuma autoridade pode fornecer provas do SARS-CoV-2).

Em 7 de junho, finalmente houve uma resposta (#21-01075-FOIA) do CDC: "Uma busca em nossos arquivos não revelou nenhum documento relacionado ao seu pedido. O Centro Nacional de Imunização e Doenças Respiratórias nos informa especificamente que o CDC não purifica ou isola nenhum vírus Covid-19 da maneira descrita pelo apresentante".

Teste totalmente desmascarado continua a ser a política básica européia

Em outras palavras, o CDC nunca foi capaz de isolar o vírus SARS-CoV-2. Cientificamente, isto elimina qualquer base para supor que um "novo" vírus causaria uma "nova" doença. Recentemente, o CDC decidiu proibir o teste PCR a partir de 1º de janeiro de 2022, justamente porque não consegue distingui-lo de uma gripe comum e porque o enorme número de falsos positivos torna este teste completamente não confiável de qualquer forma.

(E, no entanto, este teste totalmente desmascarado também continua a ser abusado pelos governos europeus por medidas de exclusão ainda mais opressivas e discriminatórias e, em breve, novos bloqueios totalitários).

O site do Dr. Robert O.Young aponta para outros documentos do CDC que mostrariam que o vírus HPV, o vírus do sarampo, o vírus MERS, o vírus Zika e o vírus da poliomielite, entre outros, nunca foram isolados e purificados de um paciente (o mesmo se aplicaria ao vírus HIV). O CDC vem compondo a ciência por trás das "pandemias" globais há décadas, usando a mídia para criar histeria em massa quando não existia nenhuma pandemia", observa Mike 'Natural News' Adams.

Vírus Zika

Outro exemplo recente é o vírus Zika, que também cobrimos. A mídia principal espalhou o medo ao afirmar que este 'vírus Zika' causou microcefalia (crânios menores / malformados) em bebês. As empresas farmacêuticas receberam bilhões para desenvolver uma vacina, mas o vírus Zika acabou se revelando nada mais do que mais um hype.

De fato, havia provas claras de que os defeitos de nascença eram realmente causados por vacinas anteriores, e um "vírus" foi falsamente culpado para garantir que o verdadeiro culpado não fosse conhecido pelo público.

O diretor do CDC reconhece que as vacinas não previnem "infecções

O completo embuste corona está caindo aos pedaços agora que o diretor do CDC Dr. Rochelle Walensky admitiu na TV que as 'vacinas' NÃO previnem infecções. Se existem ou não infecções com vírus e variantes que podem ou não existir, é irrelevante aqui. O que importa é que um dos mais altos chefes médicos nos EUA confirma que as "vacinas" Covid-19 são completamente inúteis em termos médicos, e o "passaporte de teste/vacina" nada mais é que prova de obediência absoluta e cega a uma agenda política, e não do "status imunológico" de alguém.

As "injeções de proteínas Spike ('propicks') são armas biológicas mortíferas".

Enquanto o vírus Covid-19 parece ser nada mais do que um vírus frio, o pico da proteína tóxica nanopartícula - agora sendo injetado através de 'vacinas' - é uma arma biológica mortal iniciada nos EUA e fortificada com dinheiro dos contribuintes americanos em Wuhan", escreve Adams. Agora parece claro que o objetivo da histeria Covid era fazer com que as pessoas aceitassem injeções em massa de proteína spike (codificadora), deliberadamente rotuladas falsamente como 'vacinas'.

Essas proteínas de pico causam coágulos no sangue, razão pela qual o Covid vax é agora chamado de "coágulo" (o "coágulo picado"). (Veja também nosso artigo de 14-07: O médico canadense testa seus pacientes vacinados: 62% já têm coágulos de sangue). Eles também causam danos neurológicos, hemorragias cerebrais, ataques cardíacos, abortos espontâneos e danos gerais aos vasos sanguíneos, mesmo de acordo com o mainstream (extremamente pró-vacina) Salk Institute".

A proteína spike foi desenvolvida como uma arma biológica para causar uma gama de sintomas falsamente chamada 'Covid', que é então usada para empurrar ainda mais injeções de ainda mais armas biológicas (spike). O 'vírus' Covid-19 é apenas uma mistura de vírus do frio e do herpes. O propósito de tudo isso? O despovoamento".

Toda pessoa que coopera é cúmplice de crimes contra a humanidade".

A proteína do pico é uma arma de despovoamento", continuou Adams. A 'vacina' é um extermínio/suicídio de tipo Soylent Green, embalado como uma 'droga'. A 'pandemia' era a histeria da mídia destinada a causar pânico para que as pessoas clamassem por uma vacina em massa e não resistissem a esses tiros de extermínio. Isto significa que muitos que receberam esta vacina logo estarão mortos, porque o objetivo desta falsa pandemia é se livrar de bilhões de pessoas neste mundo".

Isso também significa que toda pessoa que participa disso é cúmplice de assassinatos genocidas e crimes contra a humanidade. Isto inclui jornalistas, cientistas, médicos, políticos, funcionários da FDA/CDC/OMS (/RIVM/GGD/EMA), e até mesmo farmacêuticos e enfermeiros locais que estão espetando estes tiros assassinos em homens, mulheres, crianças e idosos. Em comparação com seus crimes contra a humanidade, o Holocausto da Segunda Guerra Mundial é uma brincadeira de criança. De fato, durante o Holocausto da vacina Covid, bilhões de pessoas podem muito bem ser assassinadas antes que estes criminosos sejam detidos".

Você está testemunhando uma campanha de extermínio em massa.

Em essência, você está agora testemunhando uma campanha global de extermínio em massa disfarçada como uma resposta de saúde pública a uma pandemia. Este é o mais sinistro e diabólico embuste da "ciência" jamais perpetrado na história da civilização moderna. É, com toda a honestidade, uma tentativa globalista de extinção do homo sapiens, uma espécie de "limpeza étnica" planetária para livrar o mundo (de longe o mais) dos humanos, e preparar o caminho para qualquer cenário insano que eles tenham em mente a seguir".

É hora de todos os seres humanos que desejam salvar a raça humana se levantarem pacificamente e se oporem a esta tentativa de extermínio genocida da humanidade".

Políticos como o Senador Rand Paul estão, portanto, exortando a todos a simplesmente dizer NÃO a novos lockdowns, protetores bucais, distanciamento social, testes, passaportes Covid e, claro, as injeções. "Eles não podem prender a todos nós. Eles não podem manter todas as crianças fora da escola. Não temos que aceitar essas medidas nocivas desses tiranos insignificantes e burocratas fracos". (Diga:) 'Não permitiremos que você prejudique mais nossos filhos este ano'.

Os globalistas querem remover poucos bilhões de pessoas.

Fomos todos enganados, pessoal", conclui Adams. Nada disso teve a ver com a saúde pública, salvando vidas ou impedindo uma pandemia. Esta é uma peça meticulosa e coordenada para levar as pessoas a cometer suicídio com injeções de armas biológicas para que os globalistas possam remover alguns bilhões de pessoas deste planeta e impor sua tirania e controle autoritário sobre os sobreviventes".

"Também pode ser a cobertura para seu reajuste financeiro planejado, que fará ruir a moeda mundial, destruirá todos os "ativos" financeiros do rebanho e transferirá a propriedade de tudo para as mãos da elite globalista".

Se será realmente tão ruim quanto Mike Adams - e até agora muitos outros - teme, não ousamos dizer neste momento. Mas uma coisa parece certa: as injeções de Covid vão causar uma inimaginável crise de saúde pública com um número sem precedentes de vítimas somente na Europa.

Este livro é uma compilação de nossos artigos publicados anteriormente e de novos artigos para expor as vacinas com o contexto adequado, sobre temas como despovoamento e controle mundial pela elite globalista, se você gostaria de saber mais sobre temas como o grande reset, aconselhamos que você leia também nossos outros livros e os compartilhe com todos os que lhe são caros.

Queremos alcançar o maior número de pessoas possível, por isso continuamos a publicar nosso conteúdo, para garantir que se um título for ignorado, o outro título ainda receba a atenção, estes assuntos precisam.

Se queremos vencer esta guerra contra a humanidade, temos que informar a todos sobre a realidade do que está acontecendo neste momento!

Por favor, nos apóie, deixando opiniões positivas em cada plataforma, para que possamos continuar a empurrar a verdade para fora e nos certificarmos de acordar o maior número possível de pessoas. Liberdade através da verdade e só podemos mudar nosso futuro se tivermos a maioria!

Tabela de Conteúdos

15

Capítulo 1: Mortes por vacina expostas!

Especialista em doenças infecciosas: Esta é uma bomba relógio global: eventualmente, QUALQUER pessoa vacinada sofrerá efeitos adversos".

A mentira de que as vacinações Covid-19 permanecem apenas no tecido muscular já foi definitivamente desmascarada em vários estudos científicos. Agora, uma autópsia em uma pessoa falecida vacinada mostrou que as instruções genéticas do mRNA - como a proteína espigada produzida pelas vacinas - de fato se espalham por todo o corpo a todos os órgãos. Um especialista em doenças infecciosas chocado de Nova Jersey, que não queria ser nomeado por medo de represálias, respondeu que "isto significa que eventualmente QUALQUER pessoa vacinada experimentará efeitos colaterais adversos". E como as pessoas vacinadas foram transformadas em "fábricas de picos" permanentes por este mRNA, esses efeitos muito provavelmente serão irreversíveis. Esta é uma bomba relógio global", é, portanto, sua conclusão.

A autópsia de um homem vacinado contra Covid foi a primeira de seu tipo e revelou que no homem falecido de 86 anos, foi encontrado 'RNA viral' em praticamente todos os seus órgãos 24 dias após sua injeção.

Sem Covid, teste negativo, então ADE causado por combinação de vírus de vacina fatal

Após seu primeiro tiro de Pfizer em 9 de janeiro, o homem desenvolveu problemas de saúde cada vez maiores, exigindo hospitalização após 18 dias. Entretanto, ele não apresentava sintomas clínicos de Covid, e seu teste também era negativo. O relatório post mortem, portanto, afirma que "nenhuma alteração morfológica devida a Covid" foi encontrada em seu corpo.

As autoridades médicas dizem que o jovem de 86 anos contratou Covid através de outro paciente na enfermaria, mas a autópsia prova que os danos em seus órgãos foram feitos antes de ele ser admitido. Isso na verdade deixa apenas uma causa: a vacina. E quando o homem foi realmente infectado no hospital, ele não teve nenhuma chance, e teve uma reação de ADE (Antibody Dependent Enchancement), que numerosos cientistas independentes (como o Professor Pierre Capel) e especialistas vêm alertando há meses.

Vírus RNA criado pela vacina mRNA?

A vacina não poderia impedir a penetração do vírus em todos os órgãos", escreve o radialista americano Hal Turner. Entretanto, há outra explicação possível: que o 'RNA viral' foi na realidade criado pela vacina mRNA.

Finalmente, todas as vacinas licenciadas no Ocidente codificam o corpo para produzir a proteína de pico do (suposto) vírus. Um estudo recente da Pfizer no Japão mostrou que apenas esta proteína de pico -

intencionalmente modificada para melhor se ligar aos receptores humanos ACE2 - é responsável por todos os danos à saúde, e se espalha por todo o corpo após a vacinação, inclusive para o cérebro, como também mostrado em um estudo recente da Nature Neuroscience.

Em resumo, a conclusão lógica é:

se o corpo estiver cheio de 'RNA viral', o que teria causado a morte do paciente

e é estabelecido que apenas a proteína do espigão é a parte perigosa do vírus

e as vacinas do mRNA instruem o corpo humano a fazer exatamente aquela proteína de pico

de tal forma que adere às células humanas ainda melhor do que a proteína do espigão viral.

então o paciente morreu como resultado de um ADE causado por aquele pico de proteína

que deve ter vindo (principalmente) da vacina, pois ele não tinha Covid-19 quando foi admitido com problemas de saúde 18 dias após sua vacinação.

As pessoas que ainda dizem aos outros e a si mesmas que foram "vacinadas há meses e não têm nada com que se preocupar" também devem considerar que as

18

conseqüências dessas mudanças deliberadas de DNA podem ser comparadas ao câncer: ele pode se desenvolver muito rapidamente, mas também muito lentamente. Só que, uma vez lá, ele nunca desaparece por si só.

As vacinas já estão afetando o julgamento?

Temos que pensar", acabamos de escrever. Mas será que algumas pessoas vacinadas ainda podem fazer isso? Recebemos uma mensagem de um contato que escreveu que havia tentado desesperadamente manter dois de seus amigos fora da vacina. Em vão. Ambos os amigos foram vacinados de qualquer forma; um está agora constantemente sofrendo de seu coração acelerado, o outro teve que ser hospitalizado com trombose grave (informações anônimas publicadas com permissão).

E você adivinhou: os médicos envolvidos declararam, mesmo antes do diagnóstico e exame, que não poderia ser devido à vacina. E as vítimas também acreditaram bizarramente nisso. É claro que é especulação, mas será esta incapacidade de pensar logicamente, de fazer bons julgamentos, de tirar conclusões, talvez o resultado de danos cerebrais causados por essas mesmas vacinas?

Bomba relógio global

Um especialista em doenças infecciosas em Nova Jersey disse que ficou enormemente chocado quando leu o relatório da autópsia. As pessoas pensam que apenas uma minoria sofre efeitos colaterais com a vacina. Com base neste estudo, isso significa que eventualmente todos terão efeitos colaterais, porque estas proteínas de pico se ligam aos receptores ACE2 em todo o seu corpo".

"Esse mRNA deveria ter ficado no local da injeção, mas não fica. Isso significa que as proteínas do pico feito pelo mRNA também entrarão em todos os órgãos". E sabemos que é esta proteína de pico que faz o dano".

Capítulo 2: A China trabalhando com os EUA?

Por que a China NÃO utilizou a desafiada tecnologia mRNA/DNA em suas próprias vacinas? - Diretor do NIH: 'SARS-1 e MERS também vêm de lá'.

E ainda outra "teoria da conspiração" que se revela um fato difícil, expondo assim mais uma mentira perpetuada durante meses pela grande mídia e pelos políticos. O Dr. Francis Collins, atual diretor dos Institutos Nacionais Americanos de Saúde (NIH), admitiu francamente em uma entrevista que os americanos e os chineses colaboraram para tornar o coronavírus mais contagioso para os humanos ("ganho de função") no laboratório do biohazard-4 em Wuhan. O Dr. Anthony Fauci, que está com problemas cada vez maiores por causa de suas muitas mentiras agora comprovadas, negou ao Senado em março que ele e seu colega Collins tinham financiado a pesquisa de "ganho de função" no laboratório de Wuhan. Agora ele parece ter cometido perjúrio em relação a isso.

A 'SARS e MERS vêm de lá'.

As declarações de Collins também são altamente incriminatórias para o Dr. Peter Daszak, que através de sua Ecohealth Alliance recebeu subsídios substanciais do NIH para financiar a pesquisa de "ganho de função" em Wuhan. Collins explicou em detalhes como o NIH e o Instituto de Virologia de Wuhan trabalham juntos. Ele

21

insistiu que existe uma "boa razão" para isto, pois tanto a SARS-1 quanto a MERS "se originaram lá".

Mike 'Natural News' Adams ouve nisto que tanto a SARS quanto a MERS vêm do laboratório Wuhan, mas na minha opinião por 'lá' Collins significava a China em geral. De fato, a SARS-1 veio à tona pela primeira vez na China em 2003. Sua propagação foi posteriormente limitada a outros quatro países.

No entanto, a MERS foi detectada pela primeira vez na Arábia Saudita em 2012 (ver também nosso artigo de ontem): As revistas médicas anunciam uma nova pandemia em potencial: MERS-CoV). Adams tem razão, portanto, em se perguntar, afinal, se "Collins tem mais informações de que estes coronavírus relativamente novos e mortais (SARS, MERS) vieram ambos do laboratório Wuhan?

A teoria da conspiração se revela um fato difícil

Dr. Collins, Daszak e Fauci trabalharam diretamente com a infame "senhora morcego" Dr. Shi Zhengli, que é financiada e recompensada pelo Partido Comunista Chinês (CCP), de acordo com relatos da imprensa do laboratório Wuhan. O Instituto Wuhan de Virologia é também o centro de um "Grupo da Frente Unida" estabelecido para neutralizar todas as potenciais oposições e críticas ao PCC. Quando o laboratório foi identificado como uma possível fonte do coronavírus no ano passado, a China bloqueou uma investigação da

OMS sobre o mesmo. Então, durante meses, o Dr. Fauci proclamou as agora comprovadas mentiras cristalinas, e até cometeu perjúrio a respeito disso.

O mesmo se aplica ao Dr. Daszak, regularmente citado na mídia ocidental, que insistia que uma origem artificial do vírus, ou seja, um "vazamento de laboratório" - intencional ou não - era uma "teoria da conspiração". Os cientistas que apontaram as muitas inconsistências e evidências factuais de que a teoria da sopa de morcego ou do mercado de frutos do mar, também aceita como "verdadeira" na Europa, é um puro disparate, foram virulentamente atacados e enegrecidos. Isto aconteceu até com o descobridor do HIV e ganhador do Prêmio Nobel Luc Montagnier.

Caminhando em "fábricas COVID

Fauci, Daszak e outros cientistas do sistema também foram todos para injetar "vacinas" de manipulação genética experimental em toda a população mundial, as quais agora demonstraram transformar as pessoas em "fábricas de picos" ambulantes que também são "galpões" (exalados) no meio ambiente. Em artigos anteriores apontamos o número crescente de estudos e relatórios científicos que indicam que esses "espigões" exalados também podem causar danos à saúde de pessoas não vacinadas.

Se isso for colocado à luz dos "Arquivos Fauci" vazados, dos quais surgiu que o coronavírus já era referido internamente como uma "arma biológica" criada deliberadamente em 11 de março de 2020, então emerge um quadro aterrador que provavelmente é demais para a maioria das pessoas aceitarem tudo ao mesmo tempo.

As vacinas chinesas não contêm mRNA - por que não ali, e aqui?

Considere o seguinte: logo após o surto da pandemia de Corona, a China compartilhou com o mundo todas as informações sobre o (suposto) vírus SARS-CoV-2, incluindo o plano completo de construção genética. Com base nisso, novas vacinas baseadas na tecnologia mRNA e DNA, nunca utilizadas ou testadas em humanos, foram desenvolvidas na América, Europa, Rússia e Índia, com as quais o maior experimento médico da história está agora sendo conduzido, injetando o maior número possível de pessoas e até mesmo crianças com ele.

No entanto, as vacinas chinesas não contêm esta tecnologia mRNA/DNA. Ali, a sociedade e a economia estão funcionando normalmente há bastante tempo. Qual poderia ser a razão pela qual os chineses não quiseram injetar instruções do mRNA em sua população? Estariam eles talvez plenamente conscientes dos riscos gigantescos que isso implicaria?

Uma pergunta ainda mais importante: por que foi e é feita aqui?

Capítulo 3: Facebook comprado por uma grande farmácia?

A Judicial Watch fornece provas após o pedido da WOB de estreita cooperação entre o Facebook, o CDC e a Fundação Bill & Melinda Gates na manipulação da cobertura da pandemia de Corona - o Ministério da Verdade deslocou completamente o jornalismo real no Ocidente para canais alternativos

Por mais confiáveis que suas fontes tenham se mostrado, às vezes você comete um erro de julgamento baseado em informações convincentes, como aconteceu ontem com o artigo sobre um suposto campo de concentração no Canadá, que se revelou ser uma instalação para trabalhadores trabalhando em um novo gasoduto. (Nosso grande agradecimento a alguns leitores que nos apontaram isso. A leitura e o pensamento ativos, e a correção se necessário, é muito apreciado!) É claro que os principais 'verificadores de fatos' da mídia saltam imediatamente sobre este tipo de relatórios parcialmente incorretos, mas quão confiáveis eles mesmos são quando se considera, por exemplo, que o conhecido Factcheck.org (Facebook) é financiado pela empresa matriz do fabricante de vacinas Johnson & Johnson?

O Congressista americano Thomas Massie apontou isso recentemente em vários tweets quando o Facebook mais uma vez eliminou a chamada "desinformação" sobre vacinas. O Factcheck.org usado pelo Facebook é de fato financiado pela Fundação Robert Wood Johnson, cujo CEO Richard Besser não é totalmente coincidentemente um ex-diretor do CDC. A fundação detém mais de US$1,8 bilhões em ações da Johnson & Johnson, um dos quatro maiores fabricantes de vacinas Covid-19.

O Ministério da Verdade tem suplantado o jornalismo real

Isto é completamente enganoso, porque você realmente achava que o "verificador de fatos" do Facebook publicaria ou confirmaria qualquer relatório negativo sobre os produtos de seu maior financiador? Claro que não - factcheck.org é - assim como os outros grandes verificadores de fatos da mídia - uma ferramenta de propaganda da indústria farmacêutica, da Big Tech e da política do sistema globalista.

Os "verificadores oficiais de fatos" tornaram-se uma parte central do "Ministério da Verdade" orwelliano que, no Ocidente, deslocou completamente o jornalismo, uma vez independente, para canais alternativos.

Certamente na Europa, quase TODAS as reportagens dos principais meios de comunicação sobre temas importantes como saúde, vacinas, clima, energia, imigração, ciência e sociedade são politizadas e enquadradas, destinadas a dar-lhe uma percepção de

uma realidade prescrita que tem pouco ou nada a ver
com a verdade.

Facebook / CDC / Bill Gates colaboram estreitamente na narrativa corona

Mais notícias sobre Facebook (/ 'Fakebook'): o
conhecido 'watchdog' Judicial Watch publicou provas
obtidas através de uma solicitação WOB (2469
documentos, incluindo e-mails oficiais) mostrando que
o Facebook trabalha em estreita colaboração com o
CDC no controle e manipulação das reportagens do
corona p(l)andemic. O Facebook também forneceu ao
CDC um espaço publicitário gratuito no valor de US$ 3
milhões.

Por exemplo, em 26 de janeiro de 2020, poucos dias
após um alto funcionário da Fundação Bill & Melinda
Gates colocar o CDC em contato com o Facebook, o
gigante da mídia social informou ao CDC quais ações
seriam tomadas para combater a "desinformação"
sobre o Partido Comunista Chinês (CCP) e o vírus
"Wuhan". Sob o título "FB narrativa do coronavírus", o
Facebook disse que estava trabalhando com mais de
"60 organizações de verificação de fatos" que revisam
postagens em mais de 50 idiomas para seu conteúdo.

Enfatizamos a palavra "narrativa" porque, mais uma
vez, ressalta o fato de que foi decidido desde o início
que apenas uma versão pré-determinada desejada do
surto deste suposto vírus deveria aparecer na mídia. A

Corona ainda estava então limitada principalmente à China, mas em todo o mundo a mídia e os verificadores de fatos foram preparados e instruídos a manipular a população para adotar apenas esta versão oficial.

Bill Gates também é o maior patrocinador do "fact checker" Politifact, que é usado pelo Facebook e Google para espalhar desinformações sobre as injeções da terapia genética Covid-19, tais como que estas seriam "vacinas" que seriam "comprovadamente seguras".

O Facebook pode não existir depois de 2035.

Por isso, Mark Zuckerberg mentiu sem rodeios quando afirmou que o Facebook "não é o governo". O economista americano Martin Armstrong acredita que o Facebook "agora perdeu toda a imunidade e pode ser processado diretamente por violar os direitos civis de todos".

Zuckerberg demonstrou assim que não está qualificado para dirigir uma empresa deste porte? O aumento do preço das ações não tem nada a ver com sua capacidade de gestão". Embora as próprias estatísticas do Facebook mostrem o contrário, o declínio inevitável não parece ser longo. Armstrong: 'Ele pode pensar que é um semideus e onipotente, mas às vezes, quanto mais alto eles são, mais profundo eles caem'. O Facebook pode não existir depois de 2035".

Capítulo 4: Corrupção e manipulação?

Google, Facebook e outras grandes tecnologias manipulam a humanidade como nunca antes na história - Comprovados verificadores de fatos a maioria da mídia diz predominantemente mentiras

Em 18 de agosto, foi lançado o documentário 'Plandemic II: inDOCTORnation', já de grande visibilidade. No filme livre para visualização, um fato após outro é apresentado sobre a manipulação e corrupção da grande mídia e da mídia social, Bill Gates, a indústria de vacinas e os conhecidos 'especialistas' corona utilizados pelos governos para incutir medo na população. Este documentário também conclui que o embuste global da pandemia corona é uma agenda proposital para colocar toda a humanidade sob controle total, ao mesmo tempo em que prodigaliza as Grandes Farmacêuticas com bilhões de dólares dos contribuintes.

Este é um documentário imperdível que fará você cair da cadeira e mudará para sempre sua compreensão da corrupção total do estabelecimento 'científico' e do sistema médico com fins lucrativos', comenta Mike 'Natural News' Adams. Em essência, houve um grupo de pessoas más que criou este vírus e o desencadeou no mundo para que eles possam esmagar a humanidade e obter bilhões de lucros. Ainda mais chocante é que esta não é a primeira vez que eles tentam isto".

Google, Facebook e outras grandes tecnologias manipulam a humanidade como nunca antes na história.

Os motores de busca (como o Google) são o Santo Graal para aqueles que querem ter controle sobre a narrativa (= o que é dito às pessoas)', começa um dos clips mais curtos do docu, carregado para tornar a informação mais acessível para as muitas pessoas com menor espaço de atenção. O Google já é mais poderoso no controle da vida das pessoas do que quase qualquer governo do mundo".

Em uma audiência no Congresso dos EUA, um psicólogo testemunhou que o Google, Facebook e Twitter e outras empresas "Big Tech" são capazes de manipular 15 milhões de eleitores para votar ou não votar em um candidato ou partido em particular somente nos EUA. E os métodos que eles usam são invisíveis", explicou o Dr. Robert Epstein. Eles são subliminares, e mais poderosos que qualquer outro método que encontrei durante meus 40 anos de carreira em ciências comportamentais".

Zach Vorhies, engenheiro e denunciante do Google, salientou que o Google declarou sob juramento que não mantém uma "lista negra", mas que isso era uma mentira, porque a lista existe. Como engenheiro, eu investiguei o mecanismo de busca interno do Google. Descobri que eles têm uma lista negra de numerosos termos de busca, tais como "cura do câncer" e "cura do cãncer". Por que o Google decide o que as pessoas podem ou não pesquisar?

A maior parte das pregações dos principais meios de comunicação é mentira.

O Google mudou do melhor mecanismo de busca para "uma rede para controle global, coleta de dados e engenharia social", continua o docu. O mesmo vale para os chamados "verificadores de fatos". O mundialmente conhecido Snopes foi fundado em 1995 por um casal que não tinha qualquer formação, formação ou experiência jornalística. Google é a principal fonte do Snopes para "verificar" se algo é "verdadeiro" ou "falso".

No entanto, o próprio Snopes acaba por ser uma fonte de mentiras. Por exemplo, foi alegado que não era verdade que a Dra. Judy Mikovits (a quem também dedicamos um extenso artigo neste site em 10 de maio) tinha sido presa sem um mandado e sem acusações por causa de sua opinião científica crítica sobre vacinas e, em particular, as próximas vacinas Covid-19. Snopes só precisava solicitar os documentos oficiais de prisão, ou consultar os advogados do Dr. Mikovits, para ver que era de fato a verdade.

O Politifact do Facebook, que tem uma "hotline" direta com a OMS, é pelo menos tão manipulador. O proprietário do Politifact é o Instituto Poynter, que recebeu grandes somas de dinheiro do Google e da

Fundação Bill & Melinda Gates. Politifact e FactCheck.org afirmaram que é "uma teoria de conspiração" que as patentes do coronavírus e tratamentos para ele existem há anos. No entanto, eles revisaram apenas 3 das 4452 patentes publicamente visíveis, que inegavelmente mostram que o coronavírus de Sars, sua detecção e tratamento, são amplamente patenteados tanto no setor público quanto no privado". **Leitores de notícias, programas de atualidades, talk shows 'a serviço da mesma máquina de propaganda'.**

Uma indústria inteira é paga para atacar e difamar jornalistas e denunciantes, e arruinar suas reputações", continua o docu. Os leitores de notícias e os títulos do programa de assuntos atuais 'não são os únicos atores altamente pagos empregados pela máquina de propaganda'. A maioria dos talk shows pertencem aos mesmos 'overlords' e seguem o mesmo roteiro, mas com um quip adicional'.

Também na Holanda, é uma tática diária dispensar os críticos da política oficial sobre a coroa, o clima, a imigração, a UE, etc., como "teóricos da conspiração", sempre citando os grupos marginais mais extremos (terra plana / terra plana, círculos de culturas, reptilianos, etc.). Através de sites de "oposição controlada", também, todas as críticas sérias são astutamente empurradas para um absurdo "chapéu de alu" ou "nerd", com a intenção de que o cidadão comum não escute mais nem mesmo outras vozes que sejam sérias e fundamentadas.

Isto é histeria em massa!

O docu repete um trecho do filme "Network" (1976), muitas vezes citado. Nele, um famoso apresentador de TV de repente se pronuncia para o público no estúdio: "A televisão não é a verdade! Nós só criamos ilusões, não há nada de verdadeiro nisso! Mas vocês, pessoas de todas as idades, cores e espécies, sentam-se e nos observam dia após dia, noite após noite, e começam a acreditar nas ilusões que lhes estamos dizendo. Vocês começam a acreditar que a TV é a realidade, e suas próprias vidas são irreais'.

Isto é histeria de massa, seus maníacos! Vocês são reais, e nós somos a ilusão! Portanto, desliguem suas televisões AGORA, e deixem-nas desligadas!

Uma chamada que muitos devem levar a sério há 44 anos. A única maneira que a balança pode cair de seus olhos, com a qual sua desprogramação pode começar, é de fato parar imediatamente de assistir e ouvir os conhecidos programas de 'notícias' e 'assuntos atuais', com seus líderes adulados, que são meros gerentes de percepção para uma elite que há anos vem trabalhando arduamente para tirar tudo o que nos é querido, todas as nossas liberdades, e toda nossa vida e futuro. O embuste da pandemia de Covid-19 é o triste culminar desta histeria em massa sem precedentes, alimentada pela mídia e pela política.

Plandemic II também entra em detalhes sobre os reais antecedentes e motivos de Bill Gates, o evento frequentemente discutido-201 (em torno da pandemia de Corona já planejada para 2019), e a fraude e corrupção criminosa da indústria de vacinas. Devido à extensão deste artigo, seria melhor discutir isso em possíveis artigos separados. Além disso, muitas questões também foram discutidas muitas vezes neste site.

Capítulo 5: A mentira da vacina?

"As pessoas que afirmam que estas chamadas vacinas são seguras são idiotas" - Óxido de grafite na vacina Pfizer ou não? O verificador de fatos DPA não tem nada melhor do que "se não está na bula, não está lá".

O Dr. Michael Yeadon, ex-vice-presidente e cientista chefe da Pfizer, deu várias entrevistas este ano sobre as "vacinas" Covid-19. Apesar de seu conhecimento e carreira, ele agora está sendo dispensado por 'verificadores de fatos' como um 'antivaxxer' e teórico da conspiração que faria 'declarações não substanciadas'. Por exemplo, Yeadon diz que a maioria do que está sendo reivindicado pela mídia e pelos políticos sobre as 'vacinas' não passa de um disparate pseudocientífico, e estas injeções poderiam na verdade representar uma ameaça existencial para toda a humanidade. Os verificadores de fatos, segundo ele, dizem meras mentiras. Isto é certamente verdade para a DPA Factchecking, que recentemente saiu com uma "refutação" igualmente inana e enganosa ao estudo espanhol que descobriu o óxido de grafeno na vacina Pfizer: "Se não está na bula, não está na embalagem".

De fato, a fé cega e a confiança da mídia na Big Pharma, que já teve que pagar milhões em prejuízos ao longo dos anos por causar a morte de muitos milhares de pessoas doentes e deficientes, e por fornecer informações errôneas e enganosas sobre a chamada "segurança" de suas "vacinas", é aparentemente tão grande que a principal razão pela qual relatórios e estudos críticos são rotulados como "falso" ou "falso" é "porque não está na bula".

Óxido de grafeno

Isto é literalmente como é declarado na "verificação dos fatos" da DPA, após relatórios de que cientistas espanhóis encontraram óxido de grafeno na vacina Pfizer (veja nosso artigo de 05-07: cientistas universitários espanhóis descobrem nanopartículas de óxido de grafeno na vacina Pfizer). Uma vez que o óxido de grafeno também foi encontrado em uma amostra da vacina AstraZeneca, cientistas honestos e jornalistas deveriam pelo menos exigir mais investigação sobre isto, especialmente porque o uso de óxido de grafeno em vacinas e medicamentos tem sido seriamente investigado por anos. Uma combinação de camadas de PEG mRNA com óxido de grafeno já poderia ser utilizada tecnologicamente nas vacinas.

O óxido de grafite, que é usado principalmente em filtros de CO_2 e eletrônicos como telefones celulares, transmissores 5G e painéis solares, está longe de ser considerado seguro para uso em massa em produtos médicos e outros produtos humanos devido a sua toxicidade. O grafeno também é usado para filtrar vírus, bactérias e produtos químicos de líquidos, e foi encontrado no Canadá no início deste ano nos famosos protetores bucais azuis. Estes espécimes foram imediatamente banidos das escolas devido ao perigo demonstrado de inalação e conseqüentes danos pulmonares. Até 31,1 milhões desses protetores bucais haviam sido distribuídos nesse ínterim.

Se houver até mesmo suspeitas de que produtos alimentícios em supermercados possam ter sido contaminados com uma determinada substância que possa causar reações alérgicas, por exemplo (e que também não estejam listados no rótulo), então, como medida de precaução, esses produtos são imediatamente retirados do mercado e os consumidores são instados a não usá-los e devolvê-los à loja. Então, por que isto não está sendo feito com estas vacinas? Afinal de contas, foi uma equipe científica da Universidade de Almeria que descobriu o óxido de grafeno em uma vacina Pfizer. Por que o governo não fez muitas outras verificações pontuais logo depois disso?

E quando foi a última vez que você comprou frutas ou vegetais com um adesivo contendo ingredientes como os revestimentos comestíveis especiais usados para manter os produtos frescos por mais tempo e/ou para preservar sua cor? Em resumo, longe de todos os ingredientes, é preciso divulgar aos consumidores. Aprendemos de um bom contato há alguns anos que as cenouras embaladas que você compra no supermercado são tão doces porque são "injetadas" (/recobertas) com um adoçante especial que NÃO precisa ser divulgado na embalagem.

Verificação dos fatos Reuters "algaraviada risível

A agência de notícias Reuters alegou em um artigo de "verificação de fatos" que o Dr. Yeadon usou "uma mistura de homens de palha e fabricação" quando disse que a propagação assintomática é uma mentira, e que o conceito de variantes utilizadas é "idiota". De fato, sempre foi indiscutível na ciência que não existe tal coisa como infecções assintomáticas - até o alvorecer de 2020, e todos os princípios científicos predominantes, incluindo a imunidade natural do grupo, foram repentinamente jogados no lixo, e substituídos por raciocínios sem sentido que beiravam a insanidade, para não mencionar a propaganda mentirosa.

A resposta de Yeadon: Há um fantástico artigo revisado por colegas mostrando que a infecção doméstica em casos assintomáticos era na verdade ZERO. E posso mostrar vários bons papéis mostrando que as células T em casos convalescentes ou imunocomprometidos reconhecem TODAS as variantes previamente conhecidas, como era de se esperar com base nos fundamentos da imunologia. A tagarelice em seus papéis sobre anticorpos é risível".

As pessoas que chamam estas vacinas de seguras são "imbecis".

Mais uma vez, o ex-chefe executivo e oficial científico da Pfizer não esconde sua raiva diante do que está acontecendo. As pessoas que afirmam que estas chamadas vacinas são "seguras", ele literalmente chama de "idiotas". De fato, mesmo as figuras oficiais ocidentais (VAERS, Yellow Card e EMA) mostram que estas injeções estão causando um verdadeiro massacre sem paralelo na história médica. A EMA poderia ter sabido disso, mas ignorou todas as chamadas e avisos abertos dos cientistas de que essas "vacinas" vão causar coágulos de sangue na maioria das pessoas e, portanto, devem ser retiradas imediatamente.

Injetar mulheres grávidas acha Yeadon ainda mais terrível. Ninguém em seu perfeito juízo dá tratamentos experimentais a mulheres grávidas. Isso é imprudente, especialmente porque os testes reprodutivos são incompletos". Na verdade, estes não foram concluídos no ano passado para estas injeções, como a bula da Pfizer também declarou. Recentemente, surgiram números chocantes: até 82% de um grande grupo de mulheres grávidas vacinadas tinham sofrido um aborto espontâneo após a vacinação.

No entanto, os testes foram feitos recentemente com ratos. Os pesquisadores descobriram "uma concentração particularmente perturbadora" de substâncias vacinais nos ovários. Um trabalho muito recente mostrou que, poucos dias após a vacinação, as mulheres jovens produzem anticorpos para a sincitina 1, uma proteína crucial para o sucesso de uma gravidez.

Em dezembro de 2020, Yeadon e outros cientistas apresentaram outra petição à EMA, apontando a reatividade cruzada entre a proteína spike e a sincitina-1 humana. Com os eventos atuais confirmando isto, o risco de infertilidade em massa em mulheres e meninas vacinadas deve ser notícia de primeira página em todos os lugares.

Os políticos devem ser processados por crimes contra a humanidade".

Yeadon chama toda a campanha de vacinação de "embuste". O número de mortes por vacinas nos Estados Unidos e na União Européia recentemente foi de cerca de 27.000, e o número de pessoas com graves (muitas vezes permanentes) danos à saúde já é de muitas centenas de milhares. Onde estão os protestos populares contra isto? Onde estão os parlamentares fazendo perguntas críticas sobre isto, de longe o maior escândalo médico de todos os tempos?

Políticos e instituições que agora estão impondo estas vacinas com força crescente "devem ser todos trancados em uma instituição de alta segurança", continua Yeadon. Somente na Grã-Bretanha, em sua opinião, cerca de uma dúzia de figuras públicas poderiam ser presas imediatamente e processadas como criminosas.

Porque na maioria dos países está acontecendo a mesma coisa que na Grã-Bretanha - e às vezes pior -

'este flagelo é um engano de proporções sem precedentes, e crimes contra a humanidade estão sendo cometidos em uma escala gigantesca', acredita o ex-vice-presidente da Pfizer. Em junho, ele acusou os governos e seus assessores que empurraram estas vacinas de "assassinato em massa".

Capítulo 6: Infecções por vacinas?

A Pfizer reconhece o "derramamento" de substâncias potencialmente perigosas, impregnadas de vacina, de pessoa para pessoa, via respiração e contato com a pele

Um estudo do maior fabricante de 'vacinas' Covid-19 Pfizer adverte que as pessoas vacinadas podem transmitir certos componentes da 'vacina' a outros apenas tendo contato pessoal com eles. As mulheres grávidas e seus nascituros ou recém-nascidos estão, portanto, em risco. Mais uma vez, isto mostra que o "derramamento" de substâncias "vacinais" potencialmente nocivas, tais como as proteínas spike, que já cobrimos muitas vezes este ano, definitivamente não é uma teoria de conspiração.

A exposição à intervenção do estudo durante a gravidez ou lactação e a exposição ocupacional deve ser relatada à Pfizer Safety dentro de 24 horas após a divulgação ao investigador", afirma o documento sobre o estudo clínico realizado.

Intervenção de estudo" refere-se à injeção de mRNA Covid. Afinal de contas, é nisso que o estudo está focado. Exposição" não significa injeção / "vacinação", mas que alguém que NÃO foi injetado chega fisicamente perto de alguém que foi injetado. Além disso, também pode se referir a uma pessoa não injetada que toque o líquido de um frasco de vacina.

Perigo para mulheres grávidas e lactantes, e seus bebês

Neste estudo em particular, isto se refere a mulheres grávidas ou lactantes não-injetadas, por exemplo, uma trabalhadora em um laboratório ou instalação de testes onde as injeções Covid são administradas. Se isso acontecer, a Pfizer chama isso de "situação de segurança", um incidente de segurança que deve ser relatado dentro de 24 horas.

Em resumo: um funcionário de laboratório que esteja grávida ou amamentando e se aproxime de uma pessoa vacinada deve informar o mais rápido possível. Por quê? Claramente porque existe um perigo para seu feto ou seu recém-nascido, para quem esse perigo pode ser transmitido através do leite materno.

Portanto, uma mulher assim só precisa se aproximar de alguém que já tenha recebido a "vacina". Nada mais. Isto significa que pode haver uma transferência de componentes da "vacina" de uma pessoa para outra, que a Pfizer reconhece que pode ser um PERIGO para mulheres grávidas e amamentando e seus bebês.

Do documento, "Um EDP (Exposição à vacina durante a gravidez) ocorre quando um participante masculino que está recebendo ou descontinuou a intervenção do estudo expõe um parceiro feminino antes ou durante o tempo de concepção. (negrito adicionado)

Assim, um homem vacinado que se aproxima fisicamente de seu parceiro não vacinado - e isso nem precisa ser sexo - também apresenta uma situação perigosa para a mulher que vai ter um filho, quer ter um filho, ou acabou de ter um filho, e para a própria criança. Assim, existe o perigo de sérios danos, doenças ou abortos espontâneos apenas pela transferência de partículas "vacinais" de uma pessoa injetada para uma pessoa não injetada.

Contaminação após inalação ou contato com a pele

O documento da Pfizer fornece um exemplo de uma situação perigosa que deve ser relatada imediatamente: "Um membro da família feminina ou cuidadora relata que ela está grávida após ter sido exposta à intervenção do estudo por inalação ou contato com a pele"...

O 'contato próximo' inclui, portanto, a inalação de substâncias 'vacinais' exaladas. Você também pode ser infectado com essas substâncias pelo simples toque. E não, isso não se aplica apenas às pessoas que trabalham em laboratórios, linhas de teste ou hospitais. A Pfizer está falando em geral das PESSOAS, uma das quais foi vacinada e a outra não, e da transferência de partículas 'vacinais' de uma pessoa para outra.

Não importa se você chama isso de "transferir", "descartar" ou "infectar". A Pfizer adverte por uma razão que tal situação deve ser relatada ao departamento de segurança dentro de 24 horas. Assim, a empresa sabia antecipadamente que seu produto poderia causar danos às mulheres que estão grávidas, que querem engravidar, que estão amamentando, E às próprias crianças - não nascidas ou nascidas -. Os governos também estavam cientes deste perigo; veja por exemplo nosso artigo de 8 de junho: A Alemanha restringe o direito fundamental à integridade física e aprova a exalação das proteínas dos espigões pelas pessoas vacinadas ** (/ (/ 'Descarregar' as proteínas dos espigões pelas pessoas vacinadas já era conhecido pelas autoridades alemãs no ano passado, mas foi mantido escondido do público).

*(** Para que conste, as proteínas dos espigões não são INTEGRADAS nas injeções, mas são produzidas no corpo PELAS injeções).*

Alguém ainda pode argumentar que uma mulher grávida pode ter tido contato com uma pessoa vacinada durante a vacinação, onde algumas gotículas da agulha podem ter caído sobre sua (ou dela) pele. No entanto, isto é altamente improvável. A Pfizer não menciona um período de tempo no documento, mas apenas esboça o cenário de que o homem A) foi vacinado, e B) teve contato próximo com uma parceira feminina em algum momento. Isso poderia ter sido dias ou até semanas mais tarde. Quaisquer gotículas derramadas já teriam desaparecido há muito tempo.

82% de abortos espontâneos após a injeção do Pfizer

O folheto informativo e as instruções de cuidados discutidos exaustivamente neste site declararam inequivocamente que a vacina Pfizer NÃO deve ser dada a mulheres grávidas, a mulheres que pretendem engravidar dentro de um curto período de tempo e a mulheres que estão amamentando. Entretanto, isto foi feito desde o início no mundo inteiro, em parte porque a Pfizer cancelou as advertências iniciais por razões que não eram claras.

As conseqüências disso foram vistas recentemente em outro estudo científico: até 82% das 127 mulheres estudadas que estavam em suas primeiras 20 semanas de gravidez e que, apesar disso, haviam sido injetadas, fizeram um aborto espontâneo.

Ataque de armas biológicas à sobrevivência da humanidade?

O acima exposto não se aplica apenas à vacina Pfizer; há alguns meses, o co-fundador da Moderna e também co-desenvolvedor da tecnologia do mRNA reconheceu que as pessoas vacinadas podem de fato "derramar" substâncias vacinais como a proteína Spike em seu ambiente.

Apesar destes fatos chocantes, quase todos os políticos em todo o mundo estão forçando estas injeções sobre suas populações com medidas cada vez mais coercitivas e querem dar ainda mais, inclusive às crianças cada vez mais jovens.

As indicações são crescentes de que podemos de fato
estar enfrentando um ataque direto com armas
biológicas à sobrevivência da humanidade. Um ataque,
que na verdade foi abertamente anunciado por
globalistas como os Rockefellers, Ted Turner e Bill
Gates, que nunca fizeram segredo do fato de que eles
acreditam que há muitas pessoas andando por aí neste
planeta, e algo precisa ser feito ativamente para
"remover" a grande maioria.

Capítulo 7: Nenhuma fuga?

Membro do governo canadense revelou o roteiro global para o comunismo totalitário em outubro de 2020, no qual ninguém possui nada e todos devem ser obrigatoriamente vacinados!

Mais um país confirmando uma tendência particularmente preocupante: após o início da campanha de vacinação Covid-19, o número de doentes e mortos explode em Taiwan. O mesmo aconteceu antes na Índia, Chile e Seychelles, entre outros, onde mais tiros (AstraZeneca) foram distribuídos do que as pessoas vivem, após o que houve 146 vezes mais mortes em 4 meses do que da Corona no ano passado. E como temos previsto há tanto tempo, as autoridades se recusam a apontar as vacinas como a causa, por mais óbvia que seja a ligação estatística. Mas as "vacinas" - desculpa: terapia/manipulação genética experimental - são agora declaradas intocáveis e sacrossantas, e por isso é realmente alegado que é devido a uma mutação.

Taiwan se viu livre da coroa no início deste ano. Quase ninguém mais morreu de Covid-19, quase não havia pessoas doentes, e a vida voltou ao normal - exceto as máscaras da boca miserável, que ainda tinham que ser usadas em lugares públicos. A razão disto só pode ser adivinhada, pois não havia nenhuma médica.

Apesar de o enésimo vírus respiratório estar sob controle, o governo ainda iniciou uma campanha maciça de vacinação. Isto começou muito lentamente em meados de março, mas a partir de maio, o número de pessoas que foram injetadas com a manipulação experimental do mRNA/DNA subitamente disparou.

EXATAMENTE naquele momento, o número de "casos" e mortes também disparou.

Membro do governo canadense revelou em outubro um roteiro para o comunismo totalitário

O apresentador de rádio americano Hal Turner cita uma carta aberta de outubro de 2020 de um membro do governo canadense, que também publicamos na época. Aqui novamente as partes mais importantes da mesma:

Quero lhe dar informações muito importantes. Sou um membro do comitê do Partido Liberal do Canadá. Faço parte de vários grupos de comitês, mas as informações que dou vêm do Comitê do Plano Estratégico (que é controlado pelo PMO)". Esse é o gabinete do Primeiro Ministro da esquerda-liberal Justin Trudeau, cujo parlamento se deu agora poder ilimitado e um mandato ilimitado sem eleições, enquanto houver ainda uma 'pandemia'. Trudeau tornou-se assim o primeiro ditador de fato do Canadá.

Eles deixaram muito claro que nada pode impedir o resultado planejado. O roteiro e os objetivos foram elaborados pelo primeiro-ministro e seguem o

seguinte:' (período planejado: final de 2020 - final de
2021)

* 'Introduzir gradualmente as segundas restrições de
bloqueio. Comece pelas grandes áreas urbanas
primeiro, e depois expanda;

* Obter ou construir instalações de isolamento em cada
província a um ritmo rápido;

* Aumentar rapidamente o número de novos "casos
Covid" e "mortes Covid" para que não haja mais
capacidade de teste suficiente;

* Completo e total segundo bloqueio em 2021, o que é
muito mais severo que o primeiro na primavera de
2020;

* Apresentar a mutação PLANETA Covid-19 ou
'reinfecção' com um segundo vírus (possivelmente
chamado Covid-21 (ou talvez SARS-3 ou MERS-CoV)),
levando a uma TERCEIRA onda com uma taxa de
mortalidade muito mais alta e uma taxa de infecção
ainda mais alta;

* O sistema de saúde está inundado de pacientes Covid-
19 / Covid-21;

* TERCEIRO bloqueio com medidas ainda mais
rigorosas, tais como uma parada completa em TODAS as
viagens (segundo/terceiro trimestre de 2021);

51

* Implementar a renda básica universal (para as dezenas de milhões de novos desempregados que perderão seus empregos permanentemente como resultado desta política. Esta UBI será completamente digital, permitindo apenas que você permaneça vivo e veja TV);

* colapso das linhas de abastecimento, grande escassez (lojas, supermercados, online, etc.), grande instabilidade econômica, seguida de caos, pânico e deslocamento total;

* Desdobrar os militares e estabelecer pontos de controle em todas as principais estradas. Viajar permanentemente extremamente restrito (somente por passe / permissão). (Terceiro / quarto trimestre de 2021)'.

Dependendo da situação geopolítica, a linha do tempo ainda poderia mudar (por exemplo, 2021 também poderia ser 2022 ou 2023), mas "foi-nos dito que para iniciar este colapso econômico real em escala internacional, o governo federal vai oferecer aos canadenses um cancelamento total da dívida". Mas isso vem a um preço muito alto: qualquer um que reclamar desiste para sempre de todos os direitos a todas as formas de propriedade, e se compromete a tomar todas as vacinas oferecidas.

Inicialmente, os refugiados terão que viver sob restrições muito rígidas de bloqueio por tempo indeterminado, e assim permanecer em casa permanentemente. Mas isso só durará por um curto período, pois uma vez que a maioria dos cidadãos tenha feito a "transição" (para a escravidão permanente sob um sistema global totalitário de controle comunista e transhumanista), "os refugiados serão caracterizados como uma ameaça à segurança pública, e transferidos para instalações de isolamento.
Ou, em outras palavras, aos campos de concentração.

Lá eles terão uma última chance de ainda "participar" do programa e ter todas as vacinações injetadas neles. Caso contrário, eles permanecerão presos permanentemente e perderão todos os seus bens e direitos. No final, o Primeiro Ministro deu a entender que toda esta agenda será levada adiante, independentemente de concordarmos ou não com ela. E isto não está acontecendo apenas no Canadá". Todos os países terão roteiros e agendas semelhantes. Eles querem aproveitar a situação para fazer mudanças em larga escala" (um reajuste financeiro com a moeda mundial do FMI, o "Great Reset", "Build Back Better", UN Agenda 2030, o "Green New Deal").

Após o colapso econômico propositalmente iniciado, muitos das dezenas de milhões de seguidores do sistema desempregados estarão ansiosos por um emprego de camisa marrom BOA-Sturmabteilung no governo, após o qual imporão o cenário acima aos concidadãos indisponíveis com crueldade impiedosa. Amigos, vizinhos, colegas, família e parentes, estudantes e crianças em idade escolar trairão uns aos outros "para o bem maior" e ficarão felizes que as "ameaças à sua saúde" serão eliminadas de vez. (Veja também: Foi assim que Reichsmarschall Göring conseguiu que o povo dissesse: "Assuste-os e diga-lhes que os reféns são um perigo") e a política da Corona despedaça as famílias e amigos, exatamente como foi feito na RDA).

Precisamente porque a maioria das pessoas ainda se recusa a acreditar que isso pode e nunca mais acontecerá, que somos mais civilizados hoje em dia e nunca mais cometeremos tais atrocidades, isso ameaça acontecer de novo. A única coisa que pode parar todo este processo, este plano pérfido preconcebido, é uma consciência maciça, seguida por uma consciência maciça (mas repetimos: definitivamente não-violenta!) NÃO.

Capítulo 8: Morrer à fome os não vacinados?

Por que os políticos querem 100% de vacinações? Porque então não resta nenhum grupo de controle para provar que a onda de ADEs, coágulos de sangue/doenças imunes, infertilidade e mortes é causada por essas injeções?

Por que os políticos querem 100% de vacinações? Porque então não resta nenhum grupo de controle para provar que a onda de ADEs, coágulos de sangue/doenças imunes, infertilidade e mortes é causada por essas injeções?

O "não poder comprar ou vender" previsto na Bíblia sem a picada da "besta" está se aproximando cada vez mais como líderes do canal de propaganda globalista CNN defendem abertamente a exclusão dos não vacinados de toda a sociedade, e até mesmo querem negar-lhes o acesso aos supermercados. Nas Filipinas, o Presidente Duterte decidiu agora fazer isso. A vacina não é obrigatória, mas se você não a tomar, pode literalmente murchar e morrer de fome.

Muitas pessoas discordarão disto, mas sem vacina, você não pode ir ao supermercado", diz a infame manchete da CNN Don Lemon. Sem vacina, não se pode ir a um jogo". Sem vacina, não se pode ir a um jogo. Sem vacina, então você não pode vir aqui". Sem camisa, sem sapatos - sem serviço', referindo-se aos códigos de vestuário existentes em restaurantes, lojas e empresas.

Lemon acha que "já deveríamos ter isso", porque, em sua opinião, é um desperdício de esforço para convencer as pessoas críticas. Eles andam em círculos, eles continuam dizendo que é a liberdade deles, que é o que quer que seja, "eu sou livre". Lemon então usa o mesmo raciocínio falacioso e perigosamente distorcido de que você não é livre para "infectar" outras pessoas com uma (suposta) doença, e que as pessoas também colocam licor e outras coisas em seus corpos "que são muito piores do que uma vacina".

O corpo de outro ser humano é SEMPRE inviolável

Sim, Don, mas eles o fazem voluntariamente. Ninguém lhe nega o direito de ter essa terapia genética experimental injetada em seu corpo, arriscando sua saúde e sua vida. Então, por que você quer negar aos outros o direito de não participar? Só porque você pensa que está "mais seguro", quando até mesmo os dados oficiais mostram que não faz diferença se você teve ou não as injeções, e as autoridades estão agora se esforçando muito para esconder o fato de que os vaxxers estão se tornando muito mais fracos e vulneráveis como resultado?

"Nem Don Lemon nem outros escravos assalariados da grande mídia têm qualquer direito de violar o corpo de outras pessoas sob a ameaça de tirar-lhes o acesso à comida e ao trabalho". Mesmo a sugestão de que o governo tem (ou deveria ter) este direito faz de Lemon um fascista, um inimigo doméstico, alguém que representa uma ameaça muito real aos nossos direitos civis", comenta Mike 'Natural News' Adams. Os fascistas médicos se sentem capacitados a mostrar suas verdadeiras cores".

Você ainda pensa que o tempo nunca vai voltar e vai até piorar muito, como temos escrito há anos? Na Europa, já vimos postes passando nas mídias sociais que são ainda mais fascistas do que o estupro médico que Don Lemon defende. Por exemplo, alguns compatriotas defendem literalmente colocar pessoas não vacinadas contra a parede ou gaseá-las "como os judeus".

Crimes contra a humanidade

Legalmente, se alguém tentar inserir um objeto cortante em seu corpo contra sua vontade, há a intenção de causar-lhe sérios danos corporais, e possivelmente até mesmo uma tentativa de assassinato. De acordo com o código de Nürnberg acordado após a Segunda Guerra Mundial, as pessoas nunca devem ser forçadas a participar de experimentos e tratamentos médicos. As "vacinas" obrigatórias - neste caso, injeções experimentais de manipulação de genes embaladas como "vacinas" - portanto, equivalem diretamente a um grave crime contra a humanidade, a uma tentativa de assassinato em massa, a um genocídio.

Na minha opinião pessoal, isto também se aplica às atuais injeções não obrigatórias, porque as pessoas são persuadidas sob falsas pretensões e com desinformação e mentiras a ter essas injeções em seus braços, e há uma enorme pressão da política, da mídia e da sociedade para participar.

Qualquer um que, por qualquer razão virtuosa, humana ou "científica", esteja disposto a sacrificar até mesmo uma vida inocente, é em seu coração e em sua alma um fascista egoísta com respeito zero pelo valor de outra vida humana. Afinal, este tipo de pensamentos e atitudes também tornaram possível o Holocausto, porque se você está disposto a sacrificar um para que VOCÊ se sinta "seguro", por que não 10, 1000, um milhão, um bilhão?

Estas vacinas não estão lá para a saúde pública, mas para o controle total".

O conhecido analista independente americano Brandon Smith está agora convencido de que a única razão para esta campanha maciça de vacinação é conseguir o controle total sobre toda a humanidade. Para colocar isso em perspectiva profética: introduzir o "sinal da Besta" predito na Bíblia, sem o qual ninguém poderá "comprar ou vender".

"Por que eles querem 100% de vacinação? Por que eles querem necessariamente que todas as pessoas no mundo sejam vacinadas contra o mRNA", escreve Smith. 'A média IFR da Covid é de apenas 0,26% (recentemente ajustada pela OMS para 0,15% - X.), o que significa que 99,7% do público NÃO está em risco, sejam eles vacinados ou não... Portanto, estas vacinas NÃO existem para a saúde pública, nem para salvar vidas. Elas estão lá esmagadoramente para algo mais".

A grande mídia e os globalistas afirmarão que não há "nenhuma evidência" de que o mRNA cause efeitos colaterais letais ou infertilidade. A isso contraporíamos que NÃO há PROVA de que eles sejam seguros. A maioria das vacinas são testadas ao longo de 10-15 anos antes de serem usadas com o público. As vacinas Covid foram introduzidas em poucos meses. Realmente, não temos desejo de ser usados como cobaia para uma vacina não testada".

"Pessoas não vacinadas serão prova de seu crime".

Mas e se a elite souber exatamente quais serão esses efeitos colaterais? E se essas vacinas forem uma parte fundamental de seu "Grande Reposicionamento"? Em minha mente, a infertilidade em massa está agora sendo encenada, pela qual a Covid (ou alguma variante) será culpada, em vez das vacinas experimentais. É por isso que o estabelecimento quer uma taxa de vacinação de 100%; afinal, as pessoas não vacinadas seriam prova de seu crime'. (Veja também nosso artigo de 11 de janeiro: vacinas mRNA: a engenharia genética é perigosa porque pode causar infertilidade).

"Se milhões de pessoas permanecerem não vacinadas nos próximos anos, então essas pessoas formarão um grupo de controle substancial e indiscutível... Se os vacinados adoecem ou morrem de doenças específicas, e o grupo de controle não sofre delas, então esse é um sinal bastante forte de que sua vacina ou medicamento é veneno... Se algo der errado com as vacinas, então nós seremos a prova. suspeitamos que é disso que a elite tem realmente medo".

Eles precisam nos forçar a nos vacinar também - todos nós, para que não haja nenhum grupo de controle e nenhuma prova do que eles fizeram. Eles podem então simplesmente culpar Covid pelos enormes problemas de saúde, ou algum outro falso culpado" (Veja também nosso artigo de 21 de junho: Utopia: O filme de 2019 previu uma pandemia e vacinas que esterilizaram secretamente a população mundial (/ Resultados chocantes do estudo científico de centenas de mulheres grávidas: Após a vacinação Covid, 82% de abortos espontâneos nas primeiras 20 semanas de gravidez).

Se as vacinas forem um cavalo de Tróia causando doenças ou infertilidade generalizada, e os globalistas forem pegos porque há um grupo de controle, isso significará uma revolta total contra eles, completa com cordas e estacas. Seu "Grande Reposicionamento" cairá por terra. O que, a propósito, dadas as muitas manifestações e o enorme recuo contra os passaportes vacinais, parece que isso vai acontecer de qualquer maneira.

Quem vai ganhar este jogo final? Os globalistas ou a humanidade?

Os globalistas puseram em marcha um jogo final. Isso pode significar o jogo final para nós, mas também para eles". Eles estão em uma linha de tempo rigorosa. Eles precisam chegar a 100% de cobertura vacinal nos próximos anos ou mais cedo, implementar seus passaportes vacinais e impor bloqueios permanentes para acabar com o crescente descontentamento".

Estamos engajados numa corrida (contra o relógio) na qual os globalistas têm que fazer avançar sua agenda o mais rápido possível, e temos que aguentar e segurá-los o máximo de tempo possível, até que as massas comecem a ver a verdade, que é que os bloqueios, obrigações e vacinas nunca foram sobre segurança, mas sempre sobre controle - do controle social ao controle populacional".

E se essas injeções estão de fato fazendo o que muitos cientistas e especialistas independentes têm advertido desde o ano passado, então o controle populacional é apenas o meio para o grande fim desejado deste culto global comunista do clima-vacina, ao qual quase toda a política holandesa parece ter dobrado seus joelhos: extermínio da população, e numa escala que irá completamente diminuir as 100 a 150 milhões de vítimas de Hitler, Stalin e Mao somadas.

Capítulo 9: Notícias de 2009?

Este é um flashback para um artigo de 2009 discutindo a possibilidade de que o "Sinal da Besta" predito na Bíblia possa muito bem consistir em uma série de vacinas obrigatórias com ingredientes cujo verdadeiro efeito e propósito não serão revelados até que seja tarde demais para todos. Ao longo dos anos, escrevemos centenas de artigos sobre estes temas, um dos quais estamos novamente destacando.

Este artigo, também, é de 2009 (19 de outubro), e foi intitulado "Computador BEAST em Bruxelas pronto para ser ativado.

Injeção com nano-chip planejada há 12 anos?

19 de outubro de 2009: Um dos denunciantes mais conhecidos da América, Steve Quayle (digamos a "versão cristã" de Alex Jones), dirige-se a seus leitores esta semana em um aviso pessoal bastante raro. Nas últimas 24 horas - estou escrevendo isto em 15 de outubro - recebemos a confirmação de uma fonte asiática de que a arma biológica contendo o nanochip localizado na ponta da agulha hipodérmica está pronta, e parte do sistema de supercomputador na Europa central".

Embora isto soe como um filme de ficção científica, infelizmente é a realidade. Na Bélgica (Bruxelas) existe o BEAST (Beast) - Biometric Encryption And Satellite

Tracking-, que está perfeitamente pronto para ser ativado no dia em que todo ser humano vivo será obrigado a aceitar o 'Sinal da Besta', a fim de ser admitido na Nova Ordem Mundial'.

Eu chamo as vacinas contra a gripe geneticamente modificada, que agora estão sendo forçadas ao público através de uma operação psicológica que seria a inveja dos maiores tiranos que já viveram, 'O Vírus de Lúcifer' (cepa = linhagem, natureza, variante), porque estas vacinas têm um lado muito mais maligno do que a maioria das pessoas pode compreender'.

Há dez anos, foi escrito que a máquina mortal ideal seria uma vacina geneticamente modificada e alterada, administrada à força à população mundial sob o pretexto de "ajudá-la". Também argumentei que os militares americanos seriam deliberadamente destruídos, não apenas por nossos inimigos, mas também por traidores em nosso próprio governo, através da injeção de uma arma biológica de duas partes em nossos soldados, com a segunda injeção provando ser o golpe fatal".

Através da mídia de massa, ouvimos a notícia de que o exército alemão está sendo administrado uma vacina diferente do que a população civil comum (uma vacina sem os adjuvantes extremamente nocivos. também recebemos informações adicionais de que nos EUA, as unidades militares privadas - mercenários - receberão uma "vacina segura", diferente da vacina que será administrada às pessoas comuns e aos soldados do exército. Entretanto, é contra a Convenção de Genebra o uso de pessoas como cobaias. Por esta razão, muitos médicos nazistas foram condenados à morte".

"O período mais perigoso já chegou

"O período mais perigoso de toda a história chegou. Não deixem que estes monstros destruam vocês, seus filhos, seu futuro e suas vidas". Façam seus deveres de casa. Leia tudo o que você puder encontrar sobre vacinas, fique indignado, faça as perguntas certas de todas as autoridades. Faça acusações, escreva cartas, entre em programas de rádio e TV. Faça alguma coisa! Faça tudo o que puder fazer legal e moralmente, pois de outra forma você pode acabar permanentemente em uma posição horizontal".

Quayle preparou os leitores de seu website (mais de 90 milhões de acessos por ano) para uma "Tela Vermelha" na semana passada, pois ele espera que o governo dos EUA tire todos os sites alternativos de notícias do ar no "momento certo".

De acordo com Quayle, este "momento certo" poderia ser provocado, por exemplo, por um colapso financeiro total, um "ataque" nuclear, um ataque EMP que derrubará permanentemente toda a eletricidade, uma guerra no Oriente Médio, ou um enorme desastre natural como um grande terremoto no Meio-Oeste ou um mega-tsunami em uma das costas da América.

Em nossa opinião, esta advertência deve ser vista com seriedade e sobriedade. É claro que "algo" está prestes a acontecer, mas como, onde e quando, isso só pode ser especulado neste momento, com base em pistas e desenvolvimentos.

O Vírus de Lúcifer

31 de julho de 2021: A "pandemia" da gripe suína em 2009 revelou-se, em retrospecto, mais fraca do que uma gripe sazonal normal, e foi uma espécie de ensaio geral do que vem acontecendo no mundo desde 2020, novamente sob o disfarce de um (suposto) vírus respiratório com um IFR de apenas 0,15%, e 0,05% (= metade de uma gripe sazonal típica) se você tiver menos de 70 anos de idade.

Quayle chamou uma vacina geneticamente modificada de "Vírus de Lúcifer" porque "estas vacinas têm um lado muito mais maligno do que a maioria das pessoas pode conter". Como é bem conhecido, as vacinas Covid-19 na realidade não são 'vacinas' mas injeções de manipulação do gene mRNA, um fato que foi anunciado abertamente no Diário do Governo no ano passado.

Recentemente, cientistas universitários na Espanha descobriram o óxido de grafeno nas vacinas Pfizer, que não é mencionado nem na bula nem nos documentos oficiais da EMA. As injeções Covid talvez contenham ingredientes "maliciosos" ainda mais escondidos, tais como RNA/DNA estrangeiro (manipulado)? Desde 2009 temos dedicado toda a série de artigos a esta possibilidade. Num futuro próximo, poderemos trazê-los à sua atenção novamente com uma série de flashbacks resumidos.

Como o governo também deu permissão oficial para que você e seus (grandes)filhos sejam manipulados geneticamente com injeções experimentais, parece que não se pode excluir que estes também contenham substâncias e/ou instruções de mRNA que codificam seu corpo por algo que não seja apenas a razão oficialmente declarada, ou seja, para criar a proteína de pico do chamado "novo" coronavírus.

Considerando o enorme número de mortes e doenças que as injeções de Lúcifer já causaram oficialmente - a ponta do iceberg, porque a maioria dos casos não são registrados deliberadamente - o termo "Vírus de Lúcifer", "Vacina de Lúcifer" ou "Injeção de Lúcifer" pode ser bastante apropriado, especialmente se nos próximos meses e anos milhões de pessoas forem afetadas por coágulos de sangue, ADEs e todos os tipos de doenças graves.

Comportamento confuso das pessoas vacinadas?

Nos últimos meses fomos informados por vários contatos não vacinados que algumas pessoas vacinadas em seu ambiente estão exibindo "comportamento estranho", especialmente uma forma de ausência e letargia, e dificilmente podem mais seguir ou entender fatos simples e argumentos lógicos.

Isto é apenas coincidência, percepção ou talvez o resultado do dano aos glóbulos vermelhos demonstrado pelas injeções de Covid, que reduz a quantidade de oxigênio transportada através do corpo? Ou talvez haja mais, algo atribuível a algum ingrediente secreto?

Nanotech biosensor em vacinas Covid?

Se um supercomputador literal 'BEAST' foi ou não construído em Bruxelas é realmente irrelevante. Há alguns anos, no estado americano de Utah, foi construído um monstruoso centro de dados (UDC) que funciona exatamente como um BEAST, e controla uma 'Rede Global de Informações' na qual verdadeiramente TODAS as informações digitais públicas e pessoais de cada cidadão mundial, conversas, e-mails, transações, pagamentos - até mesmo multas de estacionamento - são armazenadas. Para tornar isto possível, os computadores da UDC atingem uma velocidade de 1 petaflop (10 até a 15ª potência) de cálculos por segundo. (As chances são de que a velocidade já seja muito maior).

Em 23 de janeiro de 2013, um artigo chamado: "A UE quer introduzir um sistema de vigilância total para os cidadãos, assim como os EUA" com uma referência a este (oficialmente nunca reconhecido) supercomputador BEAST em Bruxelas: "Os cidadãos da

UE poderiam num futuro próximo ser equipados secretamente com um nanochip sob o pretexto de vacinações contra, por exemplo, uma epidemia de gripe, o que lhes permitiria serem rastreados e monitorados 24/7/365 pelo sistema BEAST.

Isto poderia ter se tornado uma realidade uns 8 anos depois? A este respeito, leia nosso artigo de 3 de setembro de 2020: Implantável biosensor nanotecnológico 5G já em 2021 nas vacinas Covid-19" e considere que Klaus Schwab, o homem de topo do WEF em seu livro "The Great Reset" anunciou uma "Internet of Bodies", e como possível precursor já nos próximos anos quer introduzir uma pulseira eletrônica obrigatória, que está em contato direto com seu corpo e que além de sua localização e atividade também registra sua saúde, incluindo se você recebeu ou não "vacinações".

Sem 'chip' / vacinação, você não terá permissão para fazer nada em breve

O artigo sobre "GPS em smartphones precursor do chip implantado" (23 de outubro de 2013) o explica da seguinte forma: Quando se considera que no futuro, sem um microchip, podemos não ser capazes de fazer nada - não ser capazes de comprar, vender, viver, receber salário/benefícios, ter acesso negado em qualquer lugar - então a recusa de tal chip parece se tornar uma tarefa impossível para a maioria das pessoas de fato".

69

Substitua 'microchip' pela vacinação (passaporte), e você tem exatamente o que mais e mais políticos no mundo inteiro estão agora anunciando abertamente e até já decidindo, como o presidente filipino Duterte, que disse que usará a polícia para manter pessoas não vacinadas permanentemente trancadas em casa.

Bizarramente, muitos ainda estão em profunda negação sobre isto. Quantas mais evidências são necessárias para que as pessoas percebam que o temido futuro totalitário que temos advertido desde 2008 está infelizmente se tornando uma realidade?

Capítulo 10: A tirania fascista da covida

A França e outros países ocidentais à beira das revoluções? - Recém-nascidos britânicos submetidos ao teste PCR obrigatório - Austrália implanta exército; 'Sydney transformada em campo de concentração' - Você agora também está 'comprometido além do conserto'?

Há muitos anos, advertimos que as décadas de 1930 e 1940 estão se repetindo e correm mesmo o risco de serem muito ultrapassadas em horror e desumanidade. Isso era algo que a maioria das pessoas ainda não podia imaginar. Certamente em meados de 2021 isso deveria ter mudado, já que governos de todo o mundo rapidamente impõem a tirania fascista da Covid sobre suas populações. Entretanto, eles só podem fazer isso porque a maioria das pessoas - apesar da enorme carga de evidências das constantes mentiras e enganos - ainda estão seguindo cegamente a propaganda pandêmica corona.

Itália: Protesto contra o passe verde no parlamento

Na Itália, vários membros da oposição protestaram no parlamento com cartazes dizendo "Diga NÃO ao Green Pass". Por um momento, parecia haver caos e pânico. No país do sul da Europa, grandes manifestações de liberdade contra as políticas da Covid acontecem com regularidade, como aconteceu em Milão.

71

Haverá ainda novas eleições?

Novas eleições ocorrerão na Alemanha em 26 de setembro e na França em junho de 2022. Será que estas ainda acontecerão? Há rumores de que vários líderes governamentais se dão conta de que estão sendo votados, e estão falando seriamente sobre "suspender" todas as eleições enquanto esta "pandemia" existir, escreve o economista americano Martin Armstrong. No Canadá, já foi apresentado em junho um projeto de lei para fazer exatamente isso e assim acabar com a democracia. Também é possível que os resultados eleitorais sejam simplesmente falsificados, como aconteceu nos EUA no final do ano passado.

(Na Holanda, a democracia terminou há muito tempo, e um regime de atuação totalitário está no poder que, apesar de seu status de zelador, continua tomando decisões muito abrangentes, e mal é desafiado no processo. (Enquanto questões simples como melhorar um cruzamento de trânsito são declaradas 'controversas'! Fale sobre o mundo de cabeça para baixo).

Os franceses perderam nitidamente toda a fé na política. Nas eleições de junho, o partido esquerdista do Presidente Macron recebeu apenas 10,9% dos votos. O RN do Marine Le Pen recebeu 19,1%, e os republicanos 29,3%. Um impressionante 68% não se deu ao trabalho de votar. O povo nunca é ouvido de qualquer maneira, e as decisões reais são tomadas em Bruxelas (UE) e Davos (Fórum Econômico Mundial).

Até Luís XVI, que foi decapitado, teve o apoio de mais pessoas do que Macron. Dados os ciclos de pânico que aparecem em nossos modelos eleitorais em 2022, esta não é claramente uma questão doméstica. A última vez que isto aconteceu foi quando Roosevelt e Hitler foram eleitos". Nossos modelos para a França se tornaram mais sensatos em 23/24 de setembro".

Cidade filipina: não vacinados devem simplesmente morrer de fome

Macron anunciou recentemente que em breve será negado o acesso de pessoas não vacinadas ao transporte público e aos centros comerciais, e os trabalhadores da área de saúde serão obrigados a ser vacinados. Isto causou protestos maciços em dezenas de cidades. Centenas de milhares foram para as ruas, mas é claro que a mídia holandesa ficou calada sobre isso. (Eles só saem com todas as câmeras e jornalistas que podem obter se um punhado de extremistas climáticos ou ativistas da Black Lives Matter estiverem se manifestando em algum lugar).

O prefeito da cidade filipina Lapu-Lapu foi um passo além do presidente francês e impediu a entrada de pessoas não vacinadas em todos os supermercados, mercearias e outras lojas de alimentos. Em outras palavras: sem chance? Então, morrer de fome.

Hospital britânico ameaça pais que se recusam a submeter o bebê grávida ao teste PCR

A Grã-Bretanha também está afundando a uma velocidade vertiginosa na loucura e insanidade celestial e desumana da Covid. Um hospital está ameaçando tomar medidas contra os futuros pais porque eles se recusam a submeter seus bebês a um teste PCR após o nascimento. Sim: mesmo os recém-nascidos devem ser submetidos ao teste de PCR totalmente inútil e potencialmente prejudicial.

O deputado conservador Graham Brady, presidente do comitê Tory 1922, escreveu em um op-ed no Daily Mail que existe apenas uma razão real para os bloqueios: controle social, e não contra-atacar o Covid. Ele até comparou a sociedade atual à Síndrome de Estocolmo: quanto maior o controle ao qual as pessoas são submetidas, mais dependentes elas se tornam.

"Sydney transformada em campo de concentração

Na Austrália - onde também há novas eleições em 2022 - a polícia agora tem total liberdade para impor o quinto bloqueio estrangulador, pelo qual você acaba preso se for mais de 5 km de sua casa. Alguns milhares de pessoas se aventuraram a protestar (o que é estritamente proibido e faz com que você seja preso em Nova Gales do Sul), mas foram rapidamente tratados com dureza.

O governo até anunciou que usaria o exército. E por quê? Por causa de DOIS novas mortes de Covid em Sydney, uma com 90 e outra com 80 anos. Um quarto daqueles com mais de 70 anos ainda não estão "vacinados", e isto está sendo chamado de "inaceitável".

Sem protetor bucal - multa de $500, mesmo para pessoas vacinadas. A polícia pode fechar qualquer loja se se pensar que as regras não estão sendo seguidas. Eles transformaram Sydney em um campo de concentração", comenta Armstrong. Eles dizem às pessoas que quanto mais cedo forem vacinados, mais cedo sua liberdade será restaurada. Eles dizem às pessoas para denunciar seus vizinhos, que era exatamente a mesma tática da Stasi na Alemanha Oriental".

Civilização além do conserto

"As conseqüências a longo prazo destas medidas quebrarão completamente a sociedade, porque uma vez que se voltam vizinhos uns contra os outros, não se pode restaurar a civilização. Estão sendo emitidas ordens em todo o mundo para virar a sociedade de cabeça para baixo e fazer as pessoas se atirarem uns contra os outros".

Como será o caso em breve nos Estados Unidos? Aí o CDC declarou abertamente que são principalmente os totalmente vacinados que estão espalhando as (supostas) variantes Delta e Lambda. Enquanto isso, a mídia está culpando falsamente apenas os não vacinados, o que significa que o ódio deliberadamente despertado entre estes grupos pode, em algum momento, degenerar em força bruta.

Armstrong: "E há o risco de termos uma versão real dos Jogos da Fome, agora que Biden está pagando aos agricultores para NÃO cultivarem. É por isso que (Bill) Gates se tornou o maior proprietário de terras nos EUA - para parar a produção de alimentos"?

Os governos e parlamentos ocidentais "não representam mais o povo".

Com os direitos humanos sendo pisoteados mesmo nos países ocidentais, "haverá revoluções", adverte Armstrong. Nosso computador é muito claro a esse respeito. Nossa forma atual de governos e parlamentos entrará em colapso, porque eles não representam mais o povo". Os policiais que colaboram na repressão de seus próprios cidadãos 'serão para sempre vistos pela história como tiranos malignos'. Só porque um político comanda algo, NÃO o torna legal, ético ou moralmente correto'.

Devemos perguntar por que a polícia usa a mesma desculpa que os nazistas usaram na Segunda Guerra Mundial: 'Befehl é Befehl'. Isto significa que eles são incapazes de realmente pensar livremente.

O computador (o A.I. 'Sócrates') designou o período de agosto a outubro como um período sombrio em que haverá um ataque total contra os não vacinados. odiamos ver isto se tornar realidade. Uma civilização surge quando é vantajoso para todos trabalharem juntos. As civilizações colapsam quando surgem divisões, e é exatamente isso que os governos do mundo inteiro estão fazendo agora para permanecer no poder. A história adverte que eles falharão nesse processo. Talvez agora você entenda como Sócrates também previu que as nações se dividirão na mesma linha que durante os conflitos anteriores".

O ataque cibernético de Klaus Schwab está chegando?

(Klaus) Schwab pode estar distorcendo a agitação social alegando que as pessoas querem sua solução comunista e "igualdade", mas ele está deliberadamente realizando esta decepção a fim de submeter o mundo inteiro a sua visão econômica. Mais cedo ou mais tarde, o povo também vai invadir o Fórum Econômico Mundial. Em setembro, os ânimos se aquecerão ainda mais", pensa Armstrong.

Será esse o momento em que Klaus Schwabs ordena seu anunciado e recentemente ensaiado (bandeira falsa) ataque cibernético, destinado a finalmente dar o golpe final ao povo, economia e civilização ocidentais e subjugá-los à ditadura comunista mais dura de todos os tempos? Armstrong recentemente chamou Schwab e

Gates, que parecem se ver como uma espécie de
semideuses intocáveis, literalmente os novos Hitlers.
nós pessoalmente pensamos que a miséria que ambos
os senhores estão criando - com o pleno acordo e/ou
cooperação de quase todos os 'nossos' políticos e
membros do parlamento - fará de Hitler um menino de
coro.

Capítulo 11: Passaportes e fichas

Uma entrevista de 2016 com o executivo sênior do WEF Klaus Schwab, na qual ele prevê que "dentro de 10 anos" um cartão de saúde global obrigatório será adotado, e todos terão microchips implantados, acrescenta à prova que a edição Covid-19 foi cuidadosamente preparada.

Schwab estava trabalhando em um plano há pelo menos cinco anos para criar um enorme surto de vírus e explorá-lo para estabelecer passaportes de saúde e vinculá-los a testes obrigatórios e vacinas, tudo de acordo com a abordagem de solução de problemas e reações. O objetivo é ter controle total sobre toda a população humana do planeta.

Dentro de 10 anos, teremos implantado microchips", disse Schwab há cinco anos.

Em 2016, um entrevistador de língua francesa lhe perguntou: "Estamos falando de chips implantáveis?" "Quando isso vai acontecer?".

Absolutamente nos próximos dez anos', disse Schwab. 'Vamos começar por colocá-los em nossas roupas'. Podemos imaginar a próxima imagem implantando-as em nosso cérebro ou pele'. O capataz do WEF comentou então sobre sua visão do homem e da máquina 'fundindo'.

No futuro, poderemos ser capazes de nos comunicar diretamente entre nossos cérebros e o mundo digital". Observamos uma fusão dos mundos físico, digital e biológico". As pessoas simplesmente terão que pensar em alguém no futuro para ser capaz de alcançá-lo diretamente através da 'nuvem'.

Não haverá mais pessoas biológicas com DNA natural no mundo transhumanista, que finalmente se tornará totalmente "digital". A "nuvem" será usada para armazenar os dados de todos.

A humanidade começou a ser reprogramada geneticamente.

A ordem econômica atual será destruída pelo "Grande Reposicionamento" de Schwab ("Build Back Better"). A iminente fusão financeira será explorada para lançar um novo sistema global baseado apenas em dinheiro e transações digitais. Este novo sistema será conectado com o mundo inteiro graças à tecnologia 5G. Os usuários serão impedidos de "comprar e vender", em outras palavras, da vida social.

No final da década de 2020, as 'vacinas' Covid-19 mRNA começaram a programar e manipular geneticamente a humanidade a fim de torná-la 'apta' a ser primeiramente ligada, depois integrada, a este sistema digital global, que, como você sabe, acreditamos ser o reino bíblico da 'Besta'.

Estas vacinas de alteração de gênero têm o potencial de eliminar seu livre arbítrio e capacidade de pensar por si mesmo, bem como seu desejo e capacidade de se conectar com o reino espiritual.

Perspectiva Cristã: A humanidade está desligada de Deus

De uma perspectiva cristã, a reprogramação do DNA humano através destas vacinas pode ser vista como a tentativa final de Satanás de separar permanentemente a humanidade de Deus. Esta parece ser a verdadeira explicação para o livro bíblico profético do Apocalipse que adverte que os indivíduos que levam esta "marca" perecerão.

Isto não é simplesmente por causa de um chip e uma sucessão de picaretas; é por causa do que essas picaretas farão com e dentro de você. Como resultado, Deus será incapaz de salvar aqueles cujas mentes (livre arbítrio) foram reprogramadas para a obediência total ("adoração"). Isso exigirá Sua intervenção, pois, caso contrário, a humanidade como um todo estará perdida para sempre.

Os falsos ensinamentos têm cegado uma grande parte do cristianismo.

O aspecto essencial desta trama desonesta, que está nas obras há muito tempo, foi a infiltração do cristianismo com uma série de ensinamentos falsos, com o objetivo de manter os crentes cegos até o fim dos tempos em preparação para o advento e estabelecimento do governo da Besta.

De fato, dezenas a centenas de milhões de cristãos, particularmente no Ocidente, acreditam que nunca terão que viver este período. Mesmo agora, quando a implementação deste sistema já começou, a maioria das pessoas se recusa a aceitá-lo. Com suas opiniões pró-vacinação, a maioria dos partidos e igrejas cristãs estão cooperando abertamente neste "Grande Reposicionamento" para o domínio da "Besta". Em termos teológicos, o Vaticano é o condutor mais poderoso e convencido disto.

Mas fomos enganados!' não é uma desculpa.

Talvez um paralelo bíblico possa ajudar algumas pessoas a entender? Gênesis 3, o conto da criação e a 'Queda', como nos é contada hoje: A serpente persuadiu Adão e Eva de que não lhes era permitido 'comer' a 'maçã', neste caso o signo, ou seja, não a ter picado neles (teste de raiz do 'signo': charagma = arranhão/alguma coisa com uma agulha = picada), mas a serpente os convenceu de que este signo não os condenaria, mas os transformaria em 'deuses'. Depois de serem persuadidos por esta falsidade, suas queixas contra Deus ("mas nos mentiram!") foram fúteis, e eles morreram lenta e dolorosamente. Eles podiam e deviam saber, portanto não tinham nenhuma justificativa.

Aceitar "o sinal", segundo a Bíblia, tem uma conseqüência ainda pior: a morte eterna. Deixar-se modificar geneticamente com vacinas contra mRNA e depois integrar-se a uma rede digital global, renunciando assim a todo controle sobre seu corpo e livre arbítrio, caberá a cada indivíduo decidir se o perigo vale a pena.

Capítulo 12: Sem saúde

Alguns médicos são tão doutrinados e aterrorizados que eles mesmos culpam os doentes: "Meu empregador me pressionou muito para ser vacinado".

O Highwire, o programa americano de saúde na Internet de mais rápido crescimento que já tem mais de 75 milhões de telespectadores, recentemente focalizou a atenção em uma tendência preocupante nos EUA que também pode estar ocorrendo em outros países ocidentais. Na verdade, cada vez mais médicos se recusam a tratar pessoas que sofrem de efeitos colaterais graves e reações adversas após a vacinação com uma vacina Covid-19. A razão é óbvia: o establishment político e farmacêutico canonizou efetivamente estas vacinas manipuladas pelo gênero. Se as pessoas ficarem muito doentes ou até mesmo morrerem delas - nos EUA em 2021 já haverá 4000% mais vítimas da vacina do que em todo o ano de 2020 de todas as outras vacinas combinadas - então as instruções são que a culpa não pode e não deve ser da vacina. Os médicos que, no entanto, observam isto devem temer por seus empregos e carreiras.

Alguns médicos são tão doutrinados que eles mesmos culpam os doentes. Eles chamam as pessoas que sofrem graves efeitos colaterais após a vacinação de pacientes com um "distúrbio de conversão", com medo de colocar em seu prontuário que a vacina é a causa provável. (Ou, em outras palavras, "volte para casa, pequena senhora, porque está entre seus ouvidos").

Em 4 de janeiro, fui colocado sob grande pressão por meu empregador para ser vacinado", disse-me Shawn Skelton. Depois que ela cumpriu, ela experimentou imediatamente efeitos colaterais, tais como sintomas leves semelhantes aos da gripe. Mas, no final do dia, minhas pernas estavam doendo tanto que eu não aguentava mais. Quando acordei no dia seguinte, minha língua estava tremendo, e depois ficou cada vez pior. No dia seguinte, tive convulsões por todo o meu corpo. Isso durou 13 dias'.

Demasiado medo de nos tratar", dizem eles.

Um médico me disse que o diagnóstico era: 'Eu não sei o que há de errado com você, portanto culpamos você'", disse outro. Skelton elaborou. Os médicos simplesmente não sabem como lidar com os efeitos negativos da vacina contra o mRNA. Eu também acredito que eles estão aterrorizados com isso. Não sei por que nenhum médico quer nos ajudar".

Dois outros profissionais de saúde, Angelia Desselle e Kristi Simmonds tiveram experiências semelhantes. Elas também sofreram convulsões, e seus médicos também se recusaram a tratá-las. Um neurologista rejeitou a indicação por e-mail de Desselle para ele. Ele era um especialista em distúrbios do movimento, o que eu achei que precisava. Meu médico de cuidados primários disse que parecia que eu tinha Parkinson avançado. Mas ele respondeu por e-mail que tinha tarefas muito complexas, e não podia me ver naquela época".

Como outros médicos também mantiveram a porta fechada para ela, ela foi a um neurologista sem mencionar que havia sido vacinada contra a Covid-19. Eu não queria ser mandada embora novamente. Mas está em meu prontuário médico, então quando olhou para ele, disse: "Então você tomou a vacina? E eu disse 'sim, mas eu não queria lhe dar essa informação porque preciso de ajuda'. Agora ela está finalmente recebendo tratamento para seus ataques de enxaqueca.
Na Europa, os médicos de clínica geral e especialistas estão sujeitos a regulamentações rigorosas.

Não sabemos se os médicos de clínica geral na Europa também se recusam a tratar pacientes vacinados que ficam indispostos. Eles estão, entretanto, proibidos de prescrever medicamentos comprovadamente eficazes e seguros a (suspeitos) pacientes corona, tais como hidroxicloroquina e Ivermectina. Nada deve ameaçar o programa de vacinação em massa "santo" - recuperação: programa de engenharia genética, afinal de contas.

Na Europa, os médicos de clínica geral e especialistas estão sujeitos a regulamentações rigorosas.

Não sabemos se os médicos de clínica geral na Europa também se recusam a tratar pacientes vacinados que ficam indispostos. Eles estão, entretanto, proibidos de prescrever medicamentos comprovadamente eficazes e seguros a (suspeitos) pacientes corona, tais como hidroxicloroquina e Ivermectina. Nada deve ameaçar o programa de vacinação em massa "santo" - recuperação: programa de engenharia genética, afinal de contas.

No início deste ano, o governo colocou qualquer responsabilidade pelas conseqüências das vacinações Covid sobre os ombros dos profissionais de saúde e das pessoas que são vacinadas com eles. Portanto, não é inconcebível que os profissionais de saúde e especialistas na Europa estejam relutantes em reconhecer, quanto mais tratar, as vítimas da vacinação como tal.

Capítulo 13: Super variantes

Os chamados especialistas que afirmam que as variantes são causadas por pessoas não vacinadas não têm qualquer compreensão científica. A única causa real é a vacinação em massa. Estas vacinas suprimem a imunidade natural das pessoas vacinadas".

O eminente especialista em vacinas Dr. Geert Vanden Bossche, que trabalhou anteriormente com a aliança GAVI e a Fundação Bill & Melinda Gates, publicou um artigo com o título revelador "Último aviso". Se o mundo não parar imediatamente as vacinas Covid agora, ele está convencido de que uma onda imparável de doenças graves, incuráveis e mortais estará sobre nós.

Vanden Bossche é um cientista de sistemas que normalmente é muito pró-vacinação e, portanto, ainda assume a existência do 'novo' vírus corona / SARS-CoV-2 e 'infecções' comprovadas. Vamos deixar essa posição discutível por enquanto, porque neste momento o mais importante é que os políticos deixem de ignorar a crescente oposição de cientistas estabelecidos como ele.

No início deste ano, Vanden Bossche advertiu que fornecer bilhões de pessoas com novas vacinas durante uma pandemia - um absoluto "não" em imunologia até 2020 - poderia ter conseqüências terríveis porque poderia tornar muito mais perigosas as mutações que normalmente ocorrem sempre, especialmente de vírus respiratórios como a corona.

Estas vacinas têm o efeito oposto".

Em seu artigo "Aviso Final", ele expõe com extensos argumentos cientificamente fundamentados que exatamente o que ele tanto temia está acontecendo agora. A grande mídia está tentando falsamente culpar os não vacinados pelas novas variantes e medidas relacionadas. Isto é algo a que o especialista em vacinas se opõe veementemente.

Sua longa história técnica se resume ao fato de que são precisamente as vacinas Covid-19 que causam algumas mutações que se tornam resistentes à imunidade. As campanhas de vacinação em massa durante uma pandemia, especialmente durante uma pandemia com variantes mais infecciosas, não conseguirão a imunidade do grupo nem conterão futuras ondas de doenças... Na verdade, elas têm exatamente o efeito oposto, promovendo a propagação de variantes de fuga VI mais fortes, e suprimindo a imunidade natural em pessoas vacinadas". (grifo nosso)

Isto só levará a taxas mais altas de morbidade e mortalidade na parte da população que normalmente tem proteção natural contra a Covid-19 (ou a grande maioria da população). Uma diminuição da morbidade e mortalidade severa só é observada nos idosos e naqueles com algumas doenças subjacentes. Portanto,

o resultado das campanhas de vacinação em massa é
totalmente diferente do objetivo original, que era
proteger a grande maioria das pessoas".

**"Consequências graves devido a super variantes se
continuarmos a vacinar".**

Cientificamente, diz ele, é dificilmente concebível que
variantes mais contagiosas do SARS-CoV-2 não escapem
rapidamente da imunidade que grandes porções da
humanidade já desenvolveram, 'e passem a ser um
supervariante que foge da resposta imunológica de
todas as vacinas Covid-19 baseadas em S (spike). É
simplesmente inconcebível que as campanhas
contínuas de vacinação em massa possam conter,
quanto mais acabar, estas variantes pandêmicas ou
mais contagiosas do SARS-CoV-2 e forçar este vírus a
adquirir características mais brandas, ao invés de mais
problemáticas".

Estas novas variantes "representam uma ameaça
enorme e imediata para a população humana, e terão
conseqüências desastrosas se continuarmos a vacinação
em massa durante estes altos índices de infecção,
enquanto as medidas de prevenção são amplamente
relaxadas".

"A vacinação em massa é o único verdadeiro culpado".

Por último, mas não menos importante, deve ser
enfatizado que aqueles que se dizem "especialistas" e

fingem que esta pandemia é uma "pandemia dos não vacinados" não têm qualquer compreensão científica da dinâmica evolutiva de Sars-CoV-2, uma vez que ela está agora emergindo de uma combinação de alta infecciosidade viral e da (alta) taxa de vacinação". (sublinhado e ousado, adicionado)

Nem os vacinados (que simplesmente acreditavam que a vacina os protegeria da Covid-19) nem os não vacinados (que simplesmente acreditam que não precisam de uma vacina para permanecerem protegidos) podem ser culpados por esta escalada da pandemia. A vacinação em massa é o único verdadeiro culpado".

(Uma cópia desta carta foi enviada à OMS, NIH, CDC, Fundação Bill & Melinda Gates, GAVI, FDA, EMEA, e aos líderes de P&D da Pfizer, Moderna, Astra-Zeneca, J&J, Novavax, e GSK).

Capítulo 12: Supressão do sistema imunológico

Covid-19 é "principalmente uma doença vascular", de acordo com pesquisadores - Circulation Research: A lesão pulmonar é auxiliada pela proteína spike - Seu sistema imunológico está trabalhando contra você para protegê-lo da vacina.

Em uma publicação científica, pesquisadores do famoso Instituto Salk, que foi fundado pelo pioneiro da vacina Jonas Salk, admitem indiretamente que as vacinas Covid induzem coágulos de sangue que ameaçam a vida e prejudicam tanto os vasos sanguíneos quanto o sistema imunológico.

Observamos no início desta semana que um número crescente de cientistas de renome está chegando à opinião de que as vacinas são o maior perigo para a saúde humana.

Milhares de europeus e americanos já pagaram com suas vidas, e centenas de milhares com sua saúde, por sua participação "voluntária" na maior experiência "médica" da história.

No Ocidente, todas as vacinas Covid programam o corpo humano para criar a proteína spike, o elemento mais letal do suposto vírus SARS-CoV-2, com o objetivo de proteger os humanos contra as conseqüências prejudiciais da proteína spike.

Em poucas palavras, fazemos seu corpo fabricar algo prejudicial para que ele gere anticorpos contra esse mesmo perigo, mas não temos idéia de como ou se esse processo alguma vez será interrompido.

Então por que não correr o "risco" de contrair o vírus, que comprovadamente não faz 99,7% da população ficar doente, se é que isso acontece? Não, em 2021, essa linha de raciocínio racional, historicamente incontroversa, é de repente tão antiquada. Não podemos mais confiar em nosso sistema imunológico natural e devemos, em vez disso, confiar no que é administrado através de uma seringa.

A 'Covid-19 é principalmente uma doença vascular', diz o pesquisador.

A indústria de vacinação, os políticos e a mídia continuam a insistir que a proteína do espigão é segura, mas o Instituto Salk estabeleceu agora que não é este o caso. Pelo contrário, os pesquisadores do Salk e outros colegas científicos advertem na publicação "A proteína do pico do novo coronavírus desempenha um papel extra crucial na doença" que a proteína do pico prejudica as células, "confirmando que a Covid-19 é em grande parte uma doença vascular".

Outra proteína de pico que já tirou tantas vidas?

Naturalmente, os cientistas da Salk estão proibidos de criticar diretamente as vacinas. É por isso que, de acordo com seu artigo, a proteína spike produzida pelas vacinas se comporta de maneira bem diferente da proteína spike produzida pelo suposto vírus.

Para começar, isto contradiz as alegações de todos os fabricantes de vacinas de que suas vacinas criam o mesmo pico de proteína. Em segundo lugar, lança dúvidas sobre a eficácia das vacinas, pois se a proteína de pico produzida pelas vacinas difere significativamente daquela produzida pelo vírus, qual é o objetivo da vacinação (assumindo, por enquanto, que estas "vacinas" geneticamente projetadas funcionam de todo)?

Do lado positivo, até mesmo os cientistas pró-vacina aceitam agora que a proteína do pico é responsável por um grande número de mortes e pessoas que sofrem de grandes efeitos colaterais e danos à saúde a longo prazo, muitas vezes permanentes. Em outras palavras, é uma admissão implícita que as vacinas Covid-19 são potencialmente fatais.

A proteína Spike causa lesões pulmonares, segundo pesquisa publicada na Circulation Research.

"A proteína do espigão SRA-Cov-2 prejudica a função endotelial ao inibir a ACE-2", de acordo com um estudo científico publicado na Circulation Research. O interior do coração e os vasos sanguíneos são revestidos com células edoteliais. Ao diminuir os receptores ACE-2, a proteína do espigão "promove lesão pulmonar". As células endoteliais nas artérias sanguíneas são danificadas, e o metabolismo é interrompido como resultado.

Os autores deste estudo também foram pró-vacinação, alegando que "anticorpos gerados pela vacina" podem proteger o corpo contra a proteína do espigão. Essencialmente, a proteína do espigão pode causar danos significativos às células vasculares, e o sistema imunológico pode neutralizar esses danos combatendo a proteína do espigão.

O sistema imunológico está tentando protegê-lo CONTRA a vacina

Em outras palavras, o sistema imunológico humano se esforça para defender o paciente dos efeitos negativos da vacina e das contra-reações, a fim de evitar que o paciente morra. Qualquer pessoa que sobrevive à vacina Covid deve isso à proteção de seu próprio sistema imunológico CONTRA a vacina, e não contra a própria vacina.

A vacinação é a arma', conclui Mike 'Natural News' Adams. Seu sistema imunológico o protege. Todas as vacinas Covid devem ser retiradas do mercado imediatamente e reavaliadas para efeitos negativos a longo prazo com base apenas nesta pesquisa".

97

De acordo com estatísticas oficiais da VAERS, o número
de mortes relacionadas à vacinação nos Estados Unidos
em 2021 será quase 4000 por cento maior do que o
número total de mortes relacionadas à vacinação em
2020.

**A vacina sagrada não é culpada por um ataque
cardíaco ou uma hemorragia cerebral.**

O seguinte mecanismo foi cientificamente comprovado
e está agora estabelecido: as vacinas Covid-19
encorajam seu corpo a fabricar a proteína spike, que
pode causar danos vasculares e coágulos sanguíneos,
que podem se mover por todo o corpo e terminar em
vários órgãos (coração, pulmões, cérebro, etc.). As
pessoas que morrem como resultado disto são referidas
como tendo tido um "ataque cardíaco", "coágulo de
sangue" ou "hemorragia cerebral" - as vacinas
sacrossantas podem e nunca devem ser culpadas, não
importa quantas evidências existam hoje mostrando
que são as principais razões.

Os recipientes das vacinas parecem oferecer um risco
aos não vacinados, além da possibilidade de danos
permanentes ou mortais para sua própria saúde.
Muitos dos "wappies de coroa" que tiveram suas
vacinas recentemente foram transformados em fábricas
de espigões de caminhada," e agora podem exalar essas
proteínas de espigões. Eles podem assim infectar outros
através deste processo de 'derramamento'.

As vacinas com armas biológicas foram criadas pela administração do apartheid contra a população negra.

Há muito tempo as vacinas têm sido usadas como armas biológicas contra o público em geral. O governo do Apartheid da África do Sul criou a tecnologia subjacente a tal vacinação "auto-replicativa". Os cientistas estavam desenvolvendo vacinas "raciais" na época, com o objetivo de erradicar grande parte da população negra.

Este ano, a Escola de Saúde Pública Johns Hopkins Bloomberg propôs o uso de uma vacina auto-replicativa para 'vacinar' automaticamente toda a população mundial. Drones e robôs de IA seriam usados posteriormente para reforçar e monitorar o programa.

As pessoas que ainda estão ansiosas para se inscrever em um beco de vacinação para serem geneticamente modificadas para gerar uma proteína potencialmente ameaçadora de vida parecem ter sido completamente enganadas pela mídia e pelos políticos do sistema. Eles ficaram entorpecidos com todos os avisos e montanhas de provas, e não podem acreditar que o mundo está sendo governado por monstros inescrupulosos que não têm escrúpulos em cometer o potencialmente maior genocídio da história humana.

Capítulo 14: Propaganda do medo

O governo "tem uma massa de almas inocentes em sua consciência" - "Não acredite em suas mentiras" à medida que o governo e a mídia saem com novas declarações alarmista

O editor-chefe do maior jornal da Europa, o Bild da Alemanha, pediu o perdão do público para a propaganda temerosa sobre o Covid-19. Convencemos nossos filhos de que matariam sua avó se ousassem ser o que são: crianças". Ou se conhecessem seus amigos". Nada disto foi cientificamente comprovado". Ele advertiu o governo que, com as duras medidas de fechamento, ficará nos livros de história como líderes que terão "uma massa de almas inocentes em sua consciência".

A cobertura em Bild "tem sido como veneno", admitiu o editor-chefe Julian Reichelt em câmera. Ela deu às crianças 'a sensação de que você era um perigo letal para a sociedade', com efeitos psicológicos agora comprovados altamente prejudiciais em todo o mundo, e em muitos países um número acentuadamente maior de suicídios.

"Perdoe-nos que esta política tenha feito de você vítimas durante um ano e meio".

Aos milhões de crianças deste país pelas quais nossa sociedade é responsável, gostaria de testemunhar aqui o que nem nosso governo nem nosso chanceler se atrevem a lhes dizer. Pedimos-lhes que nos perdoem. Perdoem-nos por esta política que os fez vítimas de violência, negligência, isolamento e solidão durante um ano e meio".

Convencemos nossos filhos de que matariam sua avó se ousassem ser o que são: crianças". Ou se conhecessem seus amigos". Nada disto foi cientificamente comprovado. Se um Estado tira os direitos de uma criança, ele deve provar que, ao fazê-lo, protege a criança de perigos concretos e imediatos. Essa prova nunca foi provada. Foi substituída pela propaganda pela qual a criança foi apresentada como um vetor da pandemia".

"Não acredite em suas mentiras

Reichelt também apontou o fato de que especialistas com outros pontos de vista mais moderados "nunca foram convidados para a mesa". O editor-chefe exortou a todos a 'não acreditarem nessas mentiras' quando o governo e a mídia, mais uma vez, apresentassem todo tipo de declarações alarmista (sobre variantes, (falsas) 'infecções', etc.).

O chefe do jornal, que com 1,24 milhões de exemplares é o maior da Europa, pediu às autoridades que reabrissem imediatamente as escolas e os pavilhões esportivos, e advertiu os políticos que, com suas duras medidas de fechamento, eles entrarão nos livros de história como líderes que terão "uma massa de almas inocentes em sua consciência".

A Europa se tornou uma dura ditadura

Dezenas de milhares de manifestantes protestando em Berlim contra a introdução de passaportes de vacinação e a discriminação e exclusão dos não vacinados foram ferozmente atacados pela polícia. As imagens chocantes não foram inferiores às mais duras ditaduras fascistas que já existiram neste planeta. Isto levou o Relator Especial da ONU sobre Tortura Nils Melzer a pedir às testemunhas oculares que se apresentassem para uma possível investigação oficial de graves violações dos direitos humanos.

Foi revelado recentemente que o serviço de inteligência alemão está monitorando e espionando os manifestantes anti-bloqueio, alegando que eles fazem parte de uma "conspiração" para "perturbar" a sociedade. O governo europeu aprovou recentemente uma lei que torna possível tratar todas as outras opiniões e vozes dissidentes como "perturbadoras para a sociedade". Esta foi a enésima prova de que nosso país também está sendo transformado em uma ditadura totalitária fascista por nossos próprios líderes.

Capítulo 15: Sem vacina = sem direitos civis

"Estes ultrajes: Sua culpa! Você tem observado silenciosamente e tolerado silenciosamente. Esta é sua grande culpa: você é parcialmente responsável por estes crimes hediondos"! Então sobre o destino dos judeus, mais tarde sobre o destino dos não vacinados?

Já em janeiro de 2020, antes mesmo da 'corona' chegar à Europa, escrevemos que a chamada 'pandemia' poderia muito bem ser um pretexto para o estabelecimento de um governo mundial tirânico, no qual nossa liberdade, democracia e autodeterminação terão chegado ao fim completo. Embora a maioria das pessoas se recusasse a acreditar que alguma vez chegaria a isso, nós repetimos este aviso muitas vezes. Com boas razões, porque basta olhar para as medidas fascistas do Apartheid que estão sendo tomadas na Europa. Como na Itália, onde agora é negado às pessoas não vacinadas o acesso às seções eleitorais, e os políticos e parlamentares não vacinados não são mais permitidos na lista de candidatos do Partido Democrata.

Sob o item 8 do "The Great Reset" do Fórum Econômico Mundial, os termos floridos sobre a suposta defesa dos direitos humanos anunciam o fim de nossa democracia. Se dependesse de Klaus Schwab, ninguém teria qualquer palavra a dizer sobre sua própria vida, futuro, saúde e até mesmo sobre o corpo. Como sabemos, Sigrid Kaag e Mark Rutte, que literalmente descreveram a Grande Reposição de Schwab como "um futuro esperançoso", estão totalmente por trás deste golpe tecnocrático há muito planejado, e agora em andamento, contra nossa sociedade e nosso futuro.

Sem vacina = sem voto

O Primeiro Ministro italiano Mario Draghi, que como Presidente do BCE martelou sozinho um pesado prego no caixão da zona do euro com anos de taxas de juros negativas, mostra o que é esta verdadeira agenda da promessa da Covid e todas as suas medidas restritivas. Agora que o passaporte Covid foi oficialmente introduzido na UE, Draghi está dando o próximo passo tirânico ao tornar este passaporte obrigatório não apenas para restaurantes, eventos e transporte público, mas também para o acesso aos postos de votação. Em outras palavras, nenhum caralho = nenhum voto.

O ex-Primeiro Ministro Enrico Letta (2013-2014) da PD do Partido Democrata, também presidente do grupo de reflexão extremista pró-UE Institut Jacques Delors, anunciou entretanto que pessoas não vacinadas não serão mais incluídas na lista de candidatos. É apenas uma questão de tempo até que os outros partidos no parlamento, e depois outros países da UE, sigam o exemplo.

100% de vacinações para impor obediência total

Os europeus podem "não ter armas de fogo, mas podem lutar de outras formas", comenta o economista americano Martin Armstrong. Esses líderes estão tão descarrilados e sem emoção porque não conseguem mais manter a pretensão de que têm tudo sob controle. Eles não podem mais financiar suas dívidas, e não podem conceber que nunca deixarão de gastar".

Eles estão mudando a economia para o Grande Reset BECAUSE o sistema está falhando. O verdadeiro objetivo de 100% de vacinação é transformar toda a sociedade em zangões obedientes".

"Os tiranos da cobiça voltarão a massacrar pessoas".

"Estes tiranos da Covid simplesmente terão que recair no massacre de pessoas". Assim, em todo o Ocidente, os manifestantes da liberdade em todo lugar estão sendo atacados selvagemmente - como foi o caso há alguns dias em Berlim, quando até mesmo mulheres idosas foram atiradas ao chão pelo legista e uma mulher de 48 anos foi espancada até a morte com bastões - e retratadas pela mídia como extremistas perigosos, insurgentes, "perigos para a sociedade" e até mesmo terroristas e inimigos do Estado.

Se você pensa: para onde isto vai, basta reler os anais históricos sobre a perseguição dos nazistas aos judeus na década de 1930. Substitua 'judeus' por 'não vacinados', e veja por si mesmo as arrepiantes semelhanças. Como os judeus da época, os não-judeus e os anti-vaxxers estão começando a perder não apenas suas liberdades, mas também seus empregos e posições. (Veja também nosso artigo de 23 de setembro de 2020: Foi assim que Reichsmarschall Göring conseguiu que o povo o fizesse: "Assustá-los e dizer-lhes que os reféns são um perigo").

Se as pessoas não se levantarem pacificamente em massa contra esta discriminação estatal, a exclusão desumana e o Apartheid, as pessoas não vacinadas acabarão sendo completamente ostracizadas da sociedade. Então, uma nova "solução final" também está se aproximando: os campos de concentração.

Quem está em silêncio, concorda

"Estes ultrajes: Sua culpa! Você permaneceu quieto e silenciosamente tolerado. Esta é sua grande culpa: você é parcialmente responsável por estes crimes atrozes", leu um cartaz distribuído na Alemanha logo após a guerra de 1945, mostrando algumas fotografias chocantes de pilhas inteiras de cadáveres de judeus emaciados.

Indiferente então ao destino dos judeus, indiferente agora ao destino dos não vacinados? Dada a atitude dos políticos e as reportagens escandalosamente tendenciosas na grande mídia e na mídia social (01-08: a CNN apela abertamente para que todos os não-autorizados morram de fome), as coisas estão se movendo duramente nessa direção. Como concluí artigos muitas vezes antes: a humanidade não aprendeu absolutamente nada do passado, e está cometendo EXATAMENTE os mesmos erros fatais novamente que cometeu então. Apenas o número de vítimas de Schwab, Gates, Soros e todos os seus lacaios políticos será um múltiplo daqueles de Hitler, Stalin, Lenin e Mao somados.

No entanto, ainda há tempo para um NÃO pacífico em massa. Ao mesmo tempo, em toda nossa história do pós-guerra, agora mais do que nunca, a regra é: aquele que está em silêncio, concorda. Ou a consciência do povo e de seus líderes já foi abafada a tal ponto que o fim de toda a liberdade e esta exclusão e expulsão dos não vacinados, levando a uma Endlösung, é realmente considerada uma boa idéia?

Capítulo 16: Assinaturas de vacinas?

Pesquisadores da divisão "Virus Watch" do University College London (UCL) concluíram que as vacinas Covid-19 perdem seu suposto efeito protetor após apenas 6 semanas. Isto significa que cada pessoa vacinada terá que receber novas "vacinas de reforço" a cada 2 ou 3 meses, tornando realidade a "assinatura da vacina" que previmos há mais de um ano. Os testes de sangue mostram repetidamente que as vacinas alteram e danificam os glóbulos vermelhos, fazendo com que eles se amontoem. Na maioria das pessoas vacinadas, leva de vários meses a alguns anos, no máximo, até que comecem a sentir sérios efeitos disto.

A análise do sangue de 552 pessoas 'vacinadas', principalmente entre 50 e 70 anos de idade, mostrou que os anticorpos supostamente produzidos pelas vacinas Pfizer e AstraZeneca começaram a diminuir após apenas um mês e meio. Em alguns, a chamada "imunidade vacinal" é reduzida em mais da metade em menos de 3 meses.

Apesar do fracasso total, as "vacinações" continuam

Desde o ano passado, a população tem sido bombardeada pela grande mídia com propaganda de que até duas injeções o protegeriam da Covid-19. Cientistas críticos e outros especialistas imediatamente apontaram que isto é muito provavelmente um grande disparate. Eles foram injuriados por isso como propagadores de "desinformação", mas agora parecem ter provado mais uma vez que estavam certos.

Apesar deste fracasso total de suas injeções "sagradas", os crentes na vacina não cederão. Eleanor Riley, professora de Imunologia na Universidade de Edimburgo, por exemplo, afirma que os resultados eram "esperados", e "não necessariamente um problema".

Não, não se a intenção desde o início era dar às pessoas "tiros de reforço" até o infinito. Estes, ela afirma, seriam "necessários" para reduzir a "propagação" da doença, uma alegação para a qual, aliás, ainda não há provas.

Permanentemente nas fotos de reforço

Pelo contrário: há cada vez mais evidências de que as injeções Covid causam as próprias "variantes" que a mídia atribui falsamente aos não vacinados, e que os vacinados são extra vulneráveis a eles por causa das injeções. Ao mesmo tempo, um novo estudo mostra que a imunidade naturalmente construída (isto é, sem vacinação) oferece, muito provavelmente, proteção para toda a vida.

As injeções experimentais da terapia genética mRNA, embaladas como 'vacinas', são, na melhor das hipóteses, um novo modelo de negócios fantástico para a Big Pharma. Com a ajuda de políticos insuspeitos ou inescrupulosos, forçam toda a população mundial a ter injecções de reforço permanentes em seus corpos, e depois também ganham bilhões com as muitas doenças e distúrbios (crônicos) que as pessoas obtêm como resultado.

30% a 60% já têm coágulos de sangue em formação

E que isto vai acontecer é realmente um dado adquirido. Vários estudos entre pessoas vacinadas na Alemanha e Canadá, entre outros, mostraram que pelo menos 30% a mais de 60% já estão desenvolvendo coágulos de sangue. Mesmo os jovens extremamente saudáveis desenvolveram miocardite e pericardite após a vacinação. Uma das principais razões para isto é o entupimento dos vasos sanguíneos, capilares e veias.

Calculamos recentemente que se as descobertas dos profissionais (gerais) na Alemanha, Canadá e Grã-Bretanha forem normativas internacionais, entre 150.000 e 400.000 cidadãos de um pequeno país morrerão de coágulos de sangue nos próximos anos.

O médico britânico Dr. Van Welbergen, com mais de 40 anos de experiência, mandou examinar ao microscópio o sangue de seus pacientes que haviam sido injetados com Moderna. Os resultados foram chocantes: inúmeros glóbulos vermelhos foram danificados, de modo que não fluem mais "suavemente" através dos vasos sanguíneos, mas começaram a aglomerar-se.

Isto é inimaginavelmente espantoso e assustador",
disse o Dr. Ruby. Sabemos agora que as vacinas Pfizer e
Moderna são a causa de coágulos de sangue e todas
essas hemorragias cerebrais e ataques cardíacos, a
miocardite, a fraqueza, os distúrbios neurológicos
semelhantes à guillain-barré e à MS.... O sangue parece
estar envenenado. Há coisas perigosas nele, e os
glóbulos vermelhos reagem violentamente a ele e ficam
perturbados". Como resultado, o oxigênio não é mais
transportado adequadamente através do corpo,
fazendo com que as pessoas fiquem cansadas, tontas,
distraídas, confusas, etc.

**"Crimes contra a humanidade sob pretexto de
vacinação**

Enquanto isso, cada vez mais vaxxers sofrem da
chamada Síndrome de CoVax (letargia, fraqueza e
fadiga graves, sintomas que se assemelham a estresse
ou esgotamento, dores fortes de tiro, problemas com
visão e audição, depressão).

Entre adolescentes e adultos jovens, as injeções de
Covid já causaram 250 vezes mais mortes do que o
(presumido) coronavírus (3). Adams, portanto,
considera incompreensível que estas "vacinas" ainda
possam ser chamadas de "seguras e eficazes". Estes são
crimes contra a humanidade sob o pretexto de
vacinações". Ele adverte até mesmo sobre 'um
holocausto de vacinas que se aproxima'.

Capítulo 17: Fraude climática e futura ditadura 2030?

Gronelândia acaba de registrar aumento recorde no gelo - Brasil perde 10 milhões de sacas de café devido ao Frio - A dura realidade do resfriamento global acabará pulverizando o conto de fadas sobre o aquecimento global de CO2

Os bloqueios climáticos se tornarão permanentes, pois de acordo com a Agenda-21 / 2030 da ONU, todas as pessoas deverão ser trancadas em megacidades, e serão proibidas de livre acesso à natureza.

Em todo o mundo, milhares de verdadeiros cientistas não levam a sério durante anos o IPCC - o painel climático da ONU dirigido por ideólogos de extrema esquerda e "especialistas" aprovados por eles. Quão diferente é com os políticos e a grande mídia, que ou por convicção ou ignorância ingênua abraçaram completamente esta demagógica agenda científica falsa, que tem apenas um objetivo: demolir totalmente a liberdade, a democracia e a prosperidade no Ocidente, e submeter o mundo inteiro a uma ditadura totalitária comunista. O último relatório do IPCC "doomsday" está novamente cheio de disparates demonstráveis sobre o aquecimento global, e tem apenas o objetivo de assustar ainda mais a população e torná-la madura para o bloqueio permanente do "clima".

O Secretário Geral da ONU, Guterres, já anunciou a "emergência climática" no final do ano passado, que deve ser mantida até que a "neutralidade climática" seja alcançada em 2050. Isto significa que nos próximos 30 anos, mais ou menos, estaremos mergulhados no bloqueio do clima, que se sucederá tão rapidamente que em breve haverá uma situação permanente que nunca será revertida, mesmo depois de 2050.

O objetivo: controle total sobre tudo e todos

O objetivo da elite globalista ONU/OMS/EF/UE/IMF já é bem conhecido por todos vocês: controle total sobre tudo e todos - literalmente. O IPCC está agora tentando dar um motivo antecipado para a próxima escassez de alimentos, combustível e energia, e para a propagação do caos e da pobreza que resultará, com a mentira do "aquecimento acelerado provocado pelo homem". A verdadeira causa da mudança climática, um resfriamento contínuo devido ao novo Grand Solar Minimum e ao rápido enfraquecimento do campo magnético da Terra, provavelmente nunca será admitida.

Você não pode controlar o sol, e também não pode tributar nossa estrela, então os alarmistas do clima na política, na mídia e em instituições como o IPCC continuarão com suas falsas mensagens de pânico científico exigindo que as emissões humanas de CO2 devem ir a zero para deter uma catástrofe climática, e que você e eu devemos fazer grandes sacrifícios que

115

levarão ao fim irrevogável de nossa liberdade e prosperidade atual, e com ela coisas como energia e alimentos acessíveis, aquecimento confiável e transporte privado.

Sol e clima não se importam com os ditames ocidentais

Enquanto isso, o sol e o clima não se importam com os falsos ditames de CO2 dos alarmistas ocidentais. Devido ao frio severo na América do Sul, a Argentina e o Brasil têm agora que importar grandes quantidades de alimentos. No Brasil, 10 milhões de sacas de café já foram perdidas devido à persistência do frio. Na África do Sul, também, as colheitas foram gravemente atingidas pelo frio recorde. Nos EUA, o frio e a seca ameaçam reduzir as colheitas de grãos em até 70% (o que os americanos terão que comer em breve?), e imagens de desastres de enchentes na Europa e na China foram ao redor do mundo.

A "mudança climática" sempre esteve lá e sempre estará lá. O aquecimento suave e perfeitamente normal do século passado foi uma recuperação muito necessária do Mínimo Dalton, um período frio de fracasso das colheitas, doenças, escassez e pobreza.

Não são os seres humanos, mas o resfriamento global que historicamente sempre causa condições climáticas instáveis e mais extremas. Os alarmistas na política e na mídia estão apenas espalhando o conto de fadas dogmático e anti-científico de que o clima deve permanecer sempre quase constante e estável, e algo como algumas frações de um percentual a mais de CO2 causaria um aquecimento catastrófico.

Infelizmente, nosso futuro é frio

Aumento das temperaturas = tempo mais estável, boas colheitas, menos doenças, melhores condições de vida e maior biodiversidade. Isto sempre foi verdade desde tempos imemoráveis. É por isso que as florestas tropicais contêm a maioria de todas as espécies de plantas e animais da Terra, apesar de ocuparem apenas 12% da superfície terrestre. É por isso que as civilizações floresceram durante períodos de aumento de temperatura, e caíram novamente em declínio quando ficou mais frio.

Queda de temperatura = SEMPRE grandes problemas. A vida tem muito mais dificuldade de adaptação ao frio do que ao calor. Veja os postes; apenas 600 espécies de plantas vivem ali, 100 espécies de aves, nenhum réptil e anfíbios, e apenas 20 espécies de mamíferos. Frio = clima instável = colheitas pobres e fracassadas = fome = doenças = escassez = guerra, e muita miséria e morte.

Infelizmente nosso futuro é frio, e infelizmente esse futuro já começou. O sol entrou num novo Grand Solar Minimum, um ciclo de 400 anos que causará um resfriamento prolongado com temperaturas bem mais baixas. O IPCC não quer que você saiba disso. Na

117

verdade, o IPCC se recusa até a considerar isto, porque, caso contrário, estes fatos prejudicam sua fantasia AGW (Aquecimento Global Antropogênico). Também o governo não quer que você saiba disto, e está quebrando o que poderia nos ajudar a atravessar este período frio: energia estável, acessível (petróleo, gás, nuclear, carvão), e está trocando-a por fontes "verdes" extremamente dependentes do tempo, insustentáveis e muito caras.

Influência do sol é apenas a máxima

O IPCC afirma que a influência do sol sobre o clima é mínima. Isto é simplista, para não dizer completamente ridículo, porque além dos fatos difíceis da história, os cientistas reais mostram repetidamente que o sol é o maior motor da mudança climática. Por exemplo, um sol mais fraco permite que mais raios cósmicos entrem em nossa atmosfera, aumentando a atividade vulcânica e promovendo a formação de nuvens, coisas que afetam muito a temperatura.

Um estudo astronômico recente descobriu que a temperatura muito alta em Júpiter - um mistério que não poderia ser explicado em 50 anos - é causada pela intensa aurora (= atividade solar) ao redor do planeta, que tem um poderoso impacto sobre o campo magnético. Este efeito decisivo dos raios cósmicos sobre as atmosferas dos planetas e, portanto, sobre o clima e a temperatura, é completamente ignorado pelo IPCC. O mesmo se aplica ao efeito amplificador resultante da rápida diminuição do campo magnético de nosso planeta.

O painel climático da ONU, apesar de numerosos estudos científicos, simplesmente decidiu que o sol não deveria ter influência sobre o clima, porque isso prejudica completamente sua teoria do CO2 e, portanto, seu direito de existir. Isto é pura charlatanice ideológica, que na história só conhece seu igual nos "cientistas" que o Vaticano fez para "provar" que a Terra era o centro do universo, e que era realmente plana e não redonda.

Nível extremamente baixo de CO2 na atmosfera

Além disso, simples fatos inegáveis, como as meros 450 partes por milhão de CO2 em nossa atmosfera (= 0,04%), que historicamente é um nível extremamente BAIXO* (mas logo acima do limite em que a vida é possível na Terra (300 ppm)), deveriam fazer com que mesmo as pessoas menos atenciosas e mais dóceis, sem qualquer conhecimento científico, se perguntem por que se faz tanto alarde sobre um aumento de um gás perfeitamente natural e necessário para toda a vida, que é criminalmente deturpado como um "gás venenoso".

(* Em uma escala de tempo geológica, uma vez havia 7000 ppm de CO2 na atmosfera. O planeta NÃO estava então coberto de água porque todo o gelo teria derretido devido ao calor).

Mas infelizmente 99 de cada 100 pessoas têm uma mentalidade de escravo inata. Se alguém com poder e autoridade suficientes reivindicar algo, automaticamente acreditará nisso, por mais provas que existam do contrário, por mais diamétrica e obtusa que seja a mensagem e a política. A docilidade inepta parece estar no DNA de todos nós, e os traficantes de poder psicopatas que sempre e em todos os lugares conseguem chegar ao topo estão todos muito felizes em abusar historicamente dela.

Modelos falsos de "aquecimento" que não têm nada a ver com a realidade

Modelos falsos de "aquecimento" que não têm nada a ver com a realidade

E assim você obtém modelos falsos com base nos quais trilhões de euros e dólares são retirados da sociedade (saúde, educação, trabalho, qualidade de vida, desenvolvimento) para financiar políticas climáticas, apesar do fato de que nenhum desses modelos chegou nem perto da realidade. Você se lembra dos disparates anteriores do IPCC? O Pólo Norte deveria ter derretido completamente primeiro em 2000, depois em 2012, e depois em 2020, a neve deveria ser coisa do passado, e áreas costeiras inteiras deveriam ter sido inundadas com água (Flórida, Europa, etc.). Tudo isso se revelou ser sua mais pura besteira.

CÓDIGO VERMELHO por causa do culto à vacina climática

Mas os milhares de cientistas que têm uma visão totalmente diferente do IPCC com base nos fatos duros não são ouvidos e não chegam à mídia. Em vez disso, o público é constantemente inundado por notícias falsas alarmistas e manchetes gigantescas como "Código Vermelho para a Humanidade". Há apenas uma razão para isso, e não é chamada de clima, mas controle totalitário sobre TODOS os aspectos de sua vida através da implementação de "trancas climáticas" perturbadoras, ostensivamente para "salvar o planeta e a humanidade", mas na realidade para condená-lo a uma pobre e miserável existência escrava da qual não há como escapar.

O clima e as políticas de Covid/vacina estão causando danos desastrosos e irreparáveis ao fornecimento global de alimentos, cadeias de transporte, economia e qualidade de vida. Durante os próximos "bloqueios climáticos", a população será muito mais fácil de controlar quando finalmente se rebelar devido à contínua escassez de alimentos e energia, e ainda mais medidas draconianas podem ser rapidamente impostas. Você não terá mais voz ou liberdade, e grande parte de sua riqueza terá desaparecido (veja também nosso artigo de 12-01: Deutsche Bank: Green Deal EU significa mega crise, eco-ditadura e grande perda de riqueza).

Portanto, existe de fato o CÓDIGO VERMELHO para a humanidade. Entretanto, não por causa do clima, mas por causa da seita de quase todos os partidos que apoiaram a vacina contra o clima que estrangulou nosso sistema político completo, e que quer submeter nosso povo, o mundo e o futuro num ritmo acelerado a uma autoridade mundial comunista ONU/OMS/WEF/UE/IMF, a ditadura mais dura e desumana que este planeta já conheceu.

Nossos outros livros

Confira nossos outros livros para outras notícias não relatadas, fatos expostos e verdades desmascaradas, e muito mais.

Junte-se ao exclusivo Rebel Press Media Circle!

Você receberá novas atualizações sobre a realidade não relatada, entregues em sua caixa de entrada todas as sextas-feiras.

Inscreva-se aqui hoje:

https://campsite.bio/rebelpressmedia